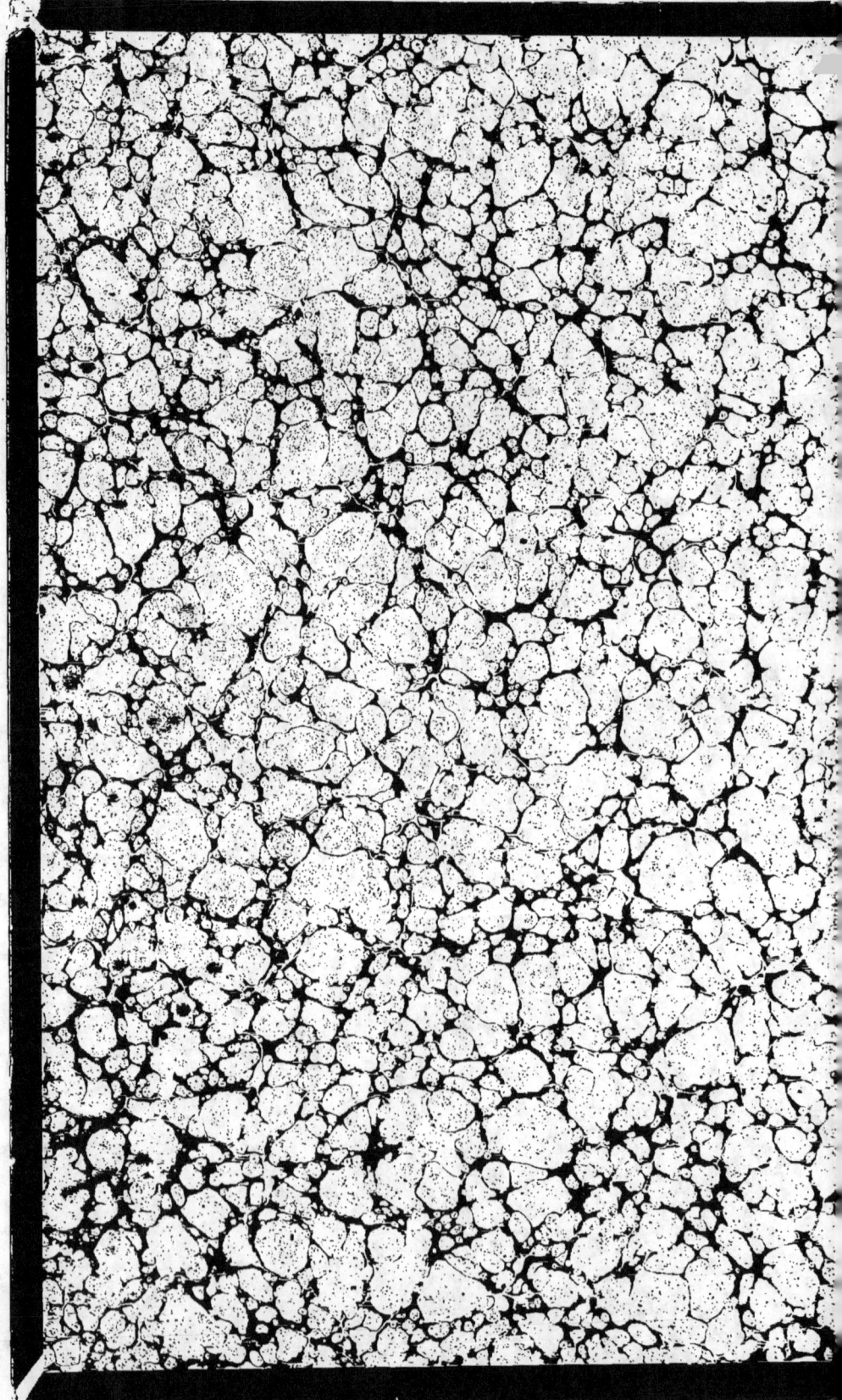

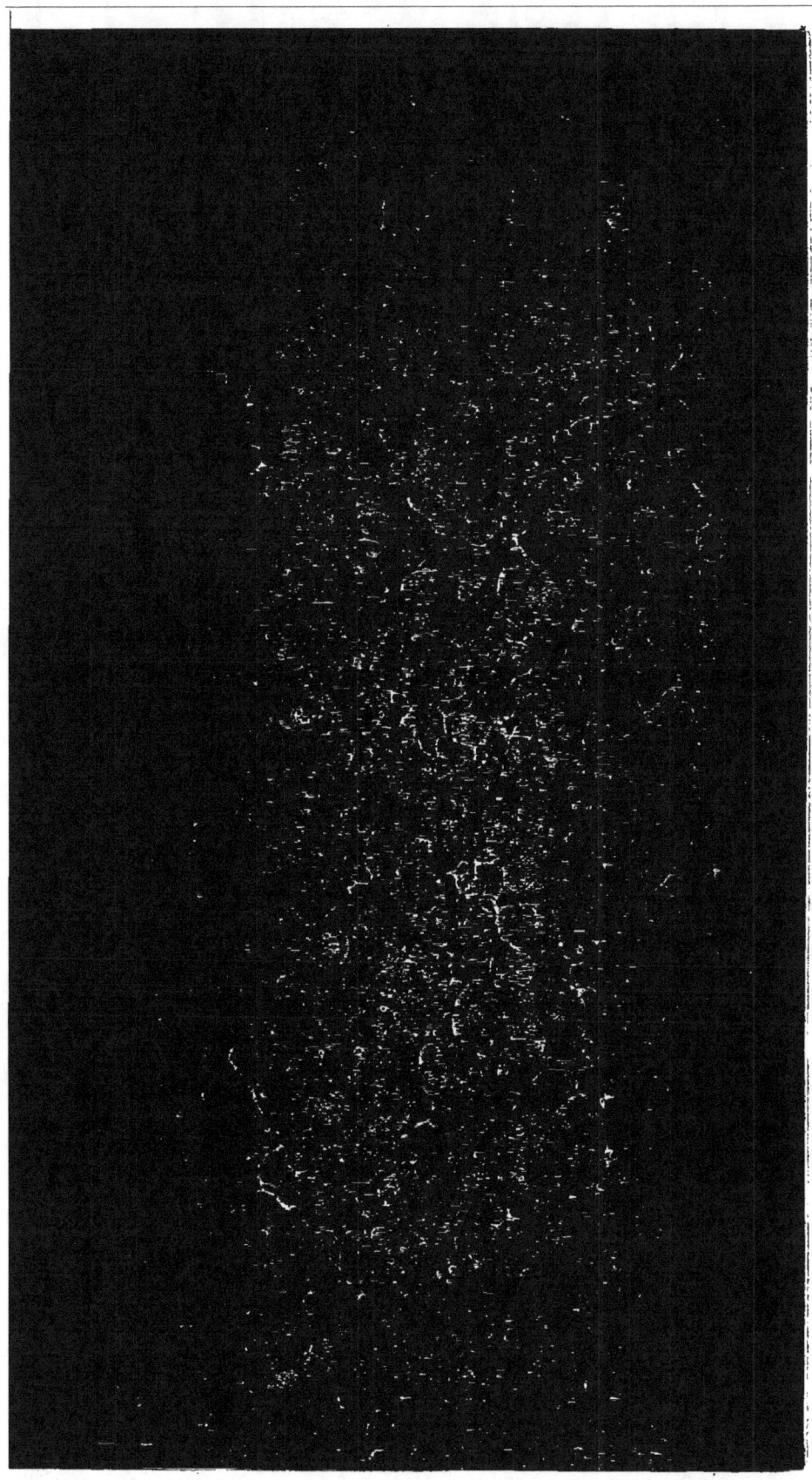

LA REINE

HORTENSE

PARIS — IMPRIMERIE DE PAUL DUPONT
Rue de Grenelle-Saint-Honoré, 45

LA REINE HORTENSE

PAR

EUGÈNE FOURMESTRAUX

HUITIÈME ÉDITION

PARIS
LIBRAIRIE CLASSIQUE DE PAUL DUPONT
Rue de Grenelle Saint-Honoré, 45

1867

HOMMAGE

A LA MÉMOIRE

DE LA REINE HORTENSE.

Le nom de la Reine Hortense est populaire en France et à l'étranger. Ce nom-là fait battre le cœur de tous ceux qui aiment leur pays.

Retracer à grands traits cette vie toute dévouée au culte du malheur, de l'amitié et de la patrie, tel est le but de l'étude nouvelle que nous avons osé entreprendre, en consultant moins nos propres forces que notre admiration sincère pour l'auguste mère de l'Empereur.

Nous avons été aidé dans ce travail par de hautes et bienveillantes sympathies, par de nombreux encouragements ; des documents peu connus et authentiques nous ont été confiés. Aussi, considérons-nous comme un devoir de remercier ici les personnes qui ont daigné nous aider de leurs conseils et nous seconder, en nous indiquant les sources où nous pouvions puiser avec le plus de confiance.

Ce que nous avons recherché avant tout, comme nous l'avions fait dans nos précédentes publications, c'est la vérité, non-seulement dans les faits, mais aussi dans les paroles, dans les écrits.

C'est de la Malmaison à Arenenberg que nous avons suivi les traces de cette existence, favorisée d'abord par tout l'éclat du rang et de la fortune, et traversée ensuite par les douleurs les plus cruelles de l'exil.

La Malmaison, c'est, dans les premiers temps, la jeunesse, la joie ; c'est, en dernier lieu, la retraite chérie où expire une mère adorée ; c'est aussi la première station du calvaire de Napoléon Ier, où la reine Hortense prodigue à son bienfaiteur les marques du plus pur, du plus inaltérable dévouement.

Arenenberg, c'est l'exil où la patrie revit tout entière dans l'amour des arts et de la littérature, dans l'épanchement des regrets, dans la pratique de la charité.

Puis nous nous sommes incliné devant la tombe de l'église de Rueil ; c'est là que, d'après le vœu de la reine Hortense, ses cendres reposent à côté de celles de l'impératrice Joséphine.

Le 5 octobre de chaque année, date de l'anniversaire de la mort de la Reine, une foule recueillie vient, dans cette sainte demeure, prier Dieu pour le repos de l'âme de la meilleure des mères, de la plus aimable des femmes, de la plus gracieuse des souveraines, qui, suivant l'heureuse expression de M. Mocquard « fut courageuse dans sa propre adversité comme dévouée à celle des autres, et secourable à toutes les infortunes avec cet empressement qui va les trouver, avec cette manière de répandre les grâces qui est comme un second bienfait, avec cette affabilité prévoyante qui, sans jamais être un oubli du rang, est l'art suprême de le faire pardonner. »

Eugène Fourmestraux.

Paris, le 10 décembre 1863.

CHAPITRE PREMIER

JEUNESSE

I

A l'âge où les enfants ont pour les protéger la tendre sollicitude de leurs parents, Eugène et Hortense de Beauharnais ne virent dans leur famille que proscription, deuil et larmes.

Leur père, le vicomte de Beauharnais, avait été l'un des premiers à mettre son épée au service de l'indépendance des États-Unis, sous les ordres du général Rochambeau. En 1789, il fut appelé aux États-Généraux. Élu par la noblesse de Blois, il vota avec le Tiers-État, et l'on vit son frère aîné, le marquis de Beauharnais, qui siégeait au côté droit, soutenir contre lui la plus vive et la plus constante opposition.

Nommé deux fois président de l'Assemblée constituante, le vicomte de Beauharnais n'avait pas pour cela renoncé à la carrière militaire.

Il passa successivement à l'armée du Nord, avec le grade d'adjudant général; au camp de Soissons, dont le général de Custines lui fit avoir le commandement; et enfin à l'armée du Rhin, dont il devint le général en chef, le 29 mai 1792.

Nommé bientôt après ministre de la guerre, il refusa ce poste élevé; et, pendant le régime de la Terreur, il se retira dans ses terres, situées près de la Ferté-Imbault. Dénoncé au Comité révolutionnaire, il fut arrêté et emprisonné, malgré son innocence bien démontrée.

Le vicomte Alexandre de Beauharnais avait épousé, le 13 décembre 1779, à Noisy-le-Grand, près Paris, Marie-Joséphine-Rose de Tascher de la Pagerie, alors à peine âgée de quinze ans. Cette union était convenable sous tous les rapports, car les deux familles occupaient à peu près le même rang dans la société.

Le 3 septembre 1781, Eugène naquit de cette union, et deux ans plus tard, le 10 avril 1783, vint au monde Hortense-Eugénie.

Une destinée plus paisible que brillante semblait réservée à ces deux jeunes enfants; mais, dès le principe, ils furent privés des soins de leur père. Dans tout l'éclat de la jeunesse, doué d'un esprit brillant, d'une physionomie distinguée, d'une tournure élégante, le vicomte de Beauharnais se vit environné de séductions sans nombre, et ces succès enivrants du monde lui firent négliger le bonheur plus solide et plus vrai qu'il devait attendre de la tendresse de sa femme et de l'amour de ses enfants.

Blessée de l'indifférence du vicomte de Beauharnais, Joséphine voulut retourner dans sa famille, où elle espérait trouver des consolations. Elle partit en 1787 pour la Martinique, laissant Eugène auprès de son père, et emmenant avec elle Hortense qui n'était âgée que de quatre ans.

Une de ces effroyables tempêtes si communes sur l'océan Atlantique menaça de submerger le vaisseau qui les portait. Ce ne fut qu'après avoir couru les plus grands dangers qu'elles abordèrent le rivage où d'autres périls leur étaient réservés.

Bientôt la révolution de 1789 eut un retentissement formidable dans les colonies françaises. Le soulèvement des nègres de Saint-Domingue fut imité par ceux de la Martinique; et si le nom de Joséphine n'eût pas déjà voulu dire pour eux douceur et bienfaisance, sa vie et celle de la jeune Hortense n'eussent peut-être pas été épargnées.

Mais les événements se pressaient en France.

Le vicomte de Beauharnais, alors major d'infanterie, s'était associé avec élan au mouvement des esprits, en abdiquant les droits qu'il tenait de sa naissance.

Envoyé aux États-Généraux par la noblesse du bailliage de Blois, pays de sa mère et siége de sa fortuné, Alexandre de Beauharnais fut d'abord élu secrétaire de l'Assemblée constituante, puis membre du comité militaire; il fut ensuite porté au fauteuil de la présidence de cette assemblée.

Ramené à la vie sérieuse par le cours des événements, le vicomte de Beauharnais se reprochait amèrement sa conduite à l'égard de sa femme, et réclamait d'elle pardon et oubli.

A cet appel, Joséphine crut devoir se dérober à la tendresse des siens pour accourir avec sa fille auprès de son mari et de son fils.

Elle arriva à Paris en octobre 1790, et alla habiter l'hôtel où son mari recevait l'élite de la société parisienne [1].

Le 20 juin 1791, au moment où Louis XVI quittait Paris dans l'intention de se retirer à l'étranger, le vicomte de Beauharnais présidait l'Assemblée nationale.

Pendant le régime de la Terreur, le général de

---

[1] Rue de l'Université, n° 47.

Beauharnais commandait l'armée du Rhin, qu'il dut quitter par suite du décret du 13 août 1793, qui obligeait les nobles à abandonner leurs emplois. Il se retira dans ses terres. Mais la faction cruelle qui désolait la France ne l'y laissa pas longtemps.

Il fut mis en prison. Joséphine fit les démarches les plus actives pour obtenir son élargissement.

Profondément touché de la conduite généreuse de sa femme, mais ne prévoyant que trop le sort qui lui était réservé, le vicomte de Beauharnais lui écrivit dans les termes les plus touchants pour recommander ses deux enfants à son affection maternelle.

L'ancien et vaillant général en chef de l'armée du Rhin était à peine âgé de trente-quatre ans, lorsque, le 6 thermidor an II (24 juillet 1794), il périt sur l'échafaud, calme et résigné, en face de cette plèbe sanguinaire qui menait à la mort l'élite de la France.

II

La sollicitude que Joséphine avait montrée pour obtenir la mise en liberté du père de ses enfants l'avait rendue suspecte à son tour. Jetée dans la prison des Carmes, elle allait être, elle aussi, traduite devant le redoutable tribunal révolutionnaire, lorsque la princesse de Hohenzollern-Sigmaringen, amie de sa mère, voulut bien recueillir Eugène et Hortense. Mais une noble étrangère ne pouvait alors résider longtemps à Paris sans exciter la défiance ombrageuse de Robespierre. La princesse fut contrainte à s'éloigner, et les deux enfants, qu'elle ne pouvait emmener avec elle en Allemagne, se trouvèrent réduits à l'unique protection d'une pauvre gouvernante, madame Lanoy, qui n'avait pour vivre d'autres ressources que son travail.

Par suite d'un arrêté qui obligeait les enfants des nobles à apprendre un métier, Eugène fut mis en apprentissage chez un menuisier nommé Crochard, domicilié à Croissy, non loin du château de la Malmaison, et sa sœur Hortense fut placée chez la couturière de sa mère.

Dans cette humble condition, madame Lanoy ne les perdait pas de vue; elle les conduisait, vêtus en ouvriers, à la prison des Carmes, où leur mère était enfermée.

Les premières épreuves du sort préparaient à ces deux enfants, qui devaient un jour porter le poids des grandeurs humaines, une raison ferme et éclairée, un courage à l'épreuve de toutes les adversités de la fortune.

Mais cette situation si déplorable dura peu. Le 9 thermidor arriva, et quelques jours après Joséphine fut mise en liberté par l'intervention de madame de Fontenay, depuis madame Tallien.

Eugène, que son père avait légué au général Hoche, la veille de sa mort, quitta son obscur atelier pour la vie des camps, et servit en qualité d'officier d'ordonnance sous ce grand capitaine à l'armée de l'Ouest.

Revenu, après l'affaire de Quiberon, auprès de sa mère, il fut la cause première de la liaison qui se forma entre Joséphine et le général Bonaparte.

Nommé général en chef de l'armée de l'intérieur, après le 13 vendémiaire an IV (5 octobre 1795), Bonaparte avait été chargé par le Gouvernement de prendre toutes les mesures nécessaires pour maintenir la tranquillité publique. Dans un de ses ordres du jour, il défendit aux habitants de Paris de conserver des armes.

Un matin, Lemarois, l'un de ses aides de camp, entra chez lui, suivi d'un enfant de quatorze ans qui réclamait avec véhémence une épée que la police avait retirée de ses mains. S'adressant à Bonaparte, Eugène lui dit : « Général, rendez-moi l'épée de mon père, l'unique héritage auquel je tiens plus qu'à la vie. »

Frappé de la générosité des sentiments de cet enfant, Bonaparte lui fit restituer sur-le-champ l'arme tant désirée.

Quelques jours après, le général racontait ce trait de piété filiale dans le salon de Barras, lorsqu'on annonça madame de Beauharnais. Bonaparte s'empressa de la féliciter d'avoir un tel fils ; il fut à son tour charmé par la grâce et l'amabilité de Joséphine, et il sollicita l'autorisation d'aller la voir. Telles furent les circonstances qui donnèrent lieu à un mariage d'où sortirent tant de grandeurs et de vicissitudes pour la famille de Beauharnais.

Un des premiers soins de Joséphine, depuis qu'elle se trouvait libre, avait été de se préoccuper de l'éducation de ses enfants. Eugène fut envoyé à Saint-Germain en Laye, chez un professeur de beaucoup de talent, M. Mestro, et vers les premiers jours du mois de septembre 1795, Hortense fut confiée aux soins de madame Campan, qui dirigeait un pensionnat dans la même ville [1].

Rentrée dans le monde, où son esprit aimable et bienveillant devait naturellement la faire rechercher par tout ce qui composait alors l'élite de la société française, Joséphine se lia plus étroitement avec madame Tallien, qui dut à son intervention la restitution d'une partie de sa fortune.

C'est dans le salon de Barras, comme nous venons de le dire, que Bonaparte avait conçu pour Joséphine la passion la plus vive. Bien qu'elle eût quel-

---

[1] Jeanne-Louise-Henriette Genest, fille d'un premier commis aux affaires étrangères, devint femme de chambre de Marie-Antoinette, en épousant M. Campan, fils du secrétaire de cette malheureuse princesse. Ayant perdu sa position pendant la Révolution, et, se trouvant sans ressources, Mme Campan fonda à Saint-Germain en Laye un pensionnat dont le succès fut très-grand. Devenue plus tard, ainsi que nous le dirons dans le cours de ce travail, surintendante de la maison des filles de la Légion d'honneur, Mme Campan se retira à Mantes, après la chute de l'Empire, et elle y mourut le 16 mars 1822, laissant sur la cour de France des *Mémoires* pleins d'intérêt, et des *Lettres sur l'Éducation* fort appréciées.

ques années de plus que lui, cette passion ne fit que s'accroître, et le mariage fut décidé.

Madame Campan, qui, six mois auparavant, avait reçu Hortense dans sa maison d'éducation, fut chargée d'apprendre à Eugène et à son élève que leur mère allait devenir madame Bonaparte. En effet, les publications du mariage eurent lieu à la mairie du deuxième arrondissement de Paris, madame de Beauharnais ayant alors son domicile rue Chantereine (aujourd'hui rue de la Victoire), dans un petit hôtel devenu historique. La célébration fut indiquée pour le 19 ventôse an IV (9 mars 1796). Quinze jours auparavant, Bonaparte avait été nommé général en chef de l'armée d'Italie, et Joséphine n'eut plus qu'à partager sa fortune. Il quitta Paris le 22 mars, et appela auprès de lui Eugène, qui devint l'un de ses aides de camp.

Quant à la jeune Hortense, les premières années qu'elle passa dans la maison de madame Campan furent peut-être les plus heureuses de sa vie; car, lorsqu'elle n'avait encore « *ni l'honneur, ni le*

« *bonheur, ni le malheur* d'être princesse, » comme le lui écrivait vingt ans plus tard sa digne institutrice, ses journées se passaient calmes et paisibles.

Hortense acquit bientôt, sous la direction de madame Campan, une instruction solide. Son aptitude pour tous les arts d'agrément se développa avec une rare précocité, et devint pour elle, par la suite, une source personnelle de douces consolations.

Sans cette grandeur qui vint la chercher au moment de son entrée dans le monde, elle eût été la personne la plus complétement heureuse : sa douce gaieté, ses goûts paisibles, sa louable ardeur pour les occupations qui lui étaient chères, formaient autant d'éléments de bonheur qui suffisaient à ses désirs.

Les distributions des prix se faisaient toujours avec beaucoup de solennité chez madame Campan. Les meilleures compositions des élèves étaient lues à haute voix. Il y avait une salle d'exposition pour les dessins et les peintures de celles qui avaient remporté les premiers prix. Le chant et la musique instrumentale avaient aussi leur large part. La fête se terminait ordinairement par la représentation de quelque chef-d'œuvre de Racine.

Caroline Bonaparte, Stéphanie de Beauharnais, et Hortense surtout, figuraient avec un grand succès dans les principaux rôles : elles eurent plus d'une fois pour spectateur et pour juge l'homme dont le nom retentissait déjà d'un bout à l'autre de l'Europe.

L'approche de ces grands jours était cependant pour Hortense un sujet de crainte inexprimable. Le bruit d'une assemblée nombreuse et les applaudissements, les louanges publiques dont elle fut souvent l'objet, l'effrayaient au point d'exciter l'innocente hilarité de ses compagnes ; aussi Hortense ne recherchait-elle parmi ces jeunes filles que celles dont la modestie et la simplicité se rapprochaient de la sienne.

« Parmi elles se rencontra cette amie de sa vie [1],

---

[1] *Notice sur la reine Hortense*, par M. Mocquard. — *Revue de l'Empire*, 5ᵉ année (1846), pages 299 et suivantes.

cette sœur véritable de son cœur, cette âme tendre et pure et la plus près de la sienne, Adèle Auguié, devenue plus tard baronne de Broc, par suite de son mariage avec le général de ce nom, et dont la sœur épousa l'infortuné maréchal Ney. »

Ajoutons au nom de madame la baronne de Broc celui de mademoiselle Louise Cochelet (madame Parquin), qui a occupé pendant de longues années, près de la reine Hortense, son ancienne compagne, la place de lectrice. Toujours près d'elle dans la prospérité, elle ne l'abandonna pas dans ses malheurs ; son dévouement fut exemplaire.

Du reste, la mère d'Hortense, la bonne et gracieuse Joséphine, ne se laissait pas non plus éblouir par l'accroissement prodigieux de sa fortune. On trouve un exemple frappant de la justesse de son esprit dans la lettre suivante, qu'elle adressait à madame Campan, au sujet de la jeune Stéphanie de Beauharnais, sa nièce.

« En vous renvoyant ma nièce, recevez, ma chère madame Campan, mes remercîments et mes reproches. Les uns seront pour les bons soins, pour la brillante éducation que vous donnez à cette enfant; les autres pour les défauts que votre sagacité n'a pas manqué de remarquer en elle, et que votre indulgence a tolérés. Cette petite fille est douce, mais froide; instruite, mais dédaigneuse; spirituelle, mais sans jugement. Elle ne plaît pas, et ne s'en soucie guère. Elle croit que la réputation de son oncle, que la bravoure de son père sont tout : apprenez-lui, *mais sèchement, mais crûment*, qu'elles ne sont rien. Nous vivons dans un temps où chacun est fils de ses œuvres; et si ceux qui servent l'État aux premiers rangs, doivent avoir quelques avantages et posséder quelques priviléges, ce sont ceux d'être plus aimables et plus utiles : c'est ainsi seulement qu'aux yeux de l'envie on se fait pardonner sa fortune; voilà ce que vous devez lui répéter sans cesse. Je veux qu'elle traite comme égales toutes ses compagnes, dont la plupart valent mieux ou autant qu'elle, et auxquelles il n'a manqué que d'avoir des parents plus habiles ou plus heureux. »

Mademoiselle Stéphanie de Beauharnais, en devenant, sous le nom de grande-duchesse de Bade, le modèle de son sexe, a prouvé que les conseils de Joséphine, conseils si pleins de sens et de raison, avaient porté leurs fruits.

De son côté, le général Bonaparte, qui regardait les enfants de sa femme comme les siens, s'attachait à développer chez Eugène les germes précieux des qualités qu'il lui avait reconnues.

Après le traité de Campo-Formio, Eugène fut envoyé par lui en mission à Corfou ; et, passant par Rome, à son retour, il faillit périr dans l'émeute qui coûta la vie au général Duphot. Il suivit, en qualité d'aide de camp, le général Bonaparte à l'expédition d'Égypte. Ses faits d'armes en Orient furent le prélude des actions d'éclat qui devaient le faire parvenir si vite aux plus hautes dignités. Son courage et son intelligence le firent remarquer à l'assaut d'Alexandrie, à la bataille des Pyramides, à la révolte du Caire, à la prise de Jaffa, au siége de Saint-Jean-d'Acre et à la célèbre bataille d'Aboukir.

Les événements politiques rappelèrent bientôt Bonaparte en France, et Eugène l'y accompagna. Pendant son absence, Joséphine avait couru un très-grand danger. Elle était allée prendre les eaux à Plombières, où elle tomba du haut d'un balcon fort élevé, dont l'appui s'était détaché. Elle fut si mal pendant quelques heures que, croyant sa vie en danger, elle envoya chercher sa fille chez madame Campan.

Cet accident n'eut heureusement aucune suite; et, à l'arrivée du général, toute la famille se trouva réunie à Paris, car Hortense, alors âgée de seize ans, quittait souvent la pension de Saint-Germain pour venir près de sa mère.

III

A la suite du 18 brumaire an VIII (9 novembre 1799), le Premier Consul, Joséphine et ses enfants allèrent habiter les Tuileries. Transportée si jeune au milieu d'une cour toute resplendissante de l'éclat de la victoire, mademoiselle de Beauharnais n'en fut point éblouie. Madame Campan, dans sa correspondance, cite plusieurs traits de la modération de son élève, lors de l'élan que prit la fortune de sa famille.

« Mon beau-père, disait Hortense avec une sorte de mélancolie, est une comète dont nous ne sommes que la queue; il faut le suivre sans savoir où il nous porte. Est-ce pour notre bonheur ou pour notre malheur? »

Dans une autre occasion, regardant une belle gravure de la Fortune, elle dit : « Il faut toujours avoir les yeux là-dessus, tantôt en haut, tantôt en bas. »

Une autre fois, c'était à la Malmaison ; le Premier Consul avait déjà pris place à table pour dîner, et Hortense n'était pas encore descendue. Cette absence remarquée fit que sa mère monta à son appartement et lui demanda, en la voyant occupée à esquisser un dessin, si elle comptait gagner son pain en artiste, puisque rien ne pouvait l'arracher à l'ardeur de son travail : « Maman, répondit Hortense avec gravité, dans le siècle où nous sommes nés, qui peut répondre que cela n'arrivera pas? »

Du moment où l'on vit que tout obéissait au Premier Consul, Hortense fut recherchée par ce que la France avait de plus illustre. On lui proposa à cette époque (1800) un mariage convenable, qu'elle refusa.

Madame Campan, qui avait tous les priviléges d'une correspondance intime, lui écrivait à ce sujet : « Je désirerais bien savoir si mon Hortense consulte toujours sa raison, si elle ne prépare rien dans sa jeune tête qui puisse nuire à son bonheur à venir. »

Puis elle ajoutait : « N'allez pas choisir légèrement de légères amies, qui ne verront pas les rapports de tout ce qui peut convenir à vos goûts. Je sais ce qu'il vous faut : une vie intérieure décente, douce, égale ; une aisance qui éloigne à jamais de vous les créanciers, les dettes affligeantes ou les privations pénibles ; une société de gens délicats, aimant, estimant les vrais talents, et embellie des charmes du bon ton, pour lequel vous avez tant de goût. . . . .
. . . .
. . . .

« Je sais que les prétentions de M. de *** sont

terminées. Beaucoup de gens à Paris ont su tout cela dans les plus petits détails. On vous a blâmée de ne pas l'accepter; c'est une raison de plus pour que vous vous observiez en tout, pour que votre choix à venir soit sage, sur tous les points applaudi par la société, par toutes les opinions, digne de vous enfin et de ce que vous êtes par les vôtres, ainsi que par la gloire du général Bonaparte. »

On voit que madame Campan, en donnant ces conseils maternels à son élève, s'abstient de chercher à découvrir les motifs qui avaient dicté son refus.

Hortense paraissait souvent chez sa mère, dont les salons servaient de rendez-vous à l'élite du monde parisien; mais ces réunions, quoique brillantes, offraient encore un mélange de caractères et de positions. Toutes les classes de la société, toutes les opinions se trouvaient souvent confondues. Un émigré rentré pouvait s'y voir placé à côté d'un conventionnel qui, peu d'années auparavant, l'avait condamné à mort; un ancien chef royaliste et un officier supérieur de l'armée républicaine, qui ne devait son grade qu'à sa bravoure, s'y rencontraient comme à regret, et tel ou tel artiste célèbre y coudoyait un ministre ou un ambassadeur.

L'accueil bienveillant, le ton parfait de madame Bonaparte, et la tenue imposante du Premier Consul savaient néanmoins mettre en harmonie toutes ces disparités.

Au milieu de ces éléments si divers qui donnaient prise à toutes les observations suscitées par l'envie ou la médisance, les qualités aimables de mademoiselle de Beauharnais et la solidité de sa raison la mettaient à l'abri des conjectures malveillantes. Elle comprenait, malgré sa jeunesse, toute la gravité des devoirs que son rang dans le monde lui imposait; elle sentait qu'il ne lui était pas permis de faire elle-même le choix d'un mari, qu'elle pouvait seulement se réserver le droit de refus, dans le cas où la personne qui lui serait indiquée par ses parents, lui inspirerait de l'éloignement. Or, elle n'avait fait qu'user de ce droit dans la circonstance qui vient d'être rapportée ; aussi sa famille respecta-t-elle ses préventions, et n'insista-t-elle pas pour les combattre.

Cette condescendance lui fit peut-être sentir encore plus vivement combien le bonheur de sa mère, le sien même, lui imposaient de déférence, à l'avenir, pour la volonté du Premier Consul.

Sa raison lui disait que c'était l'union de sa mère avec le général Bonaparte qui la plaçait elle-même au premier rang de l'État, et que malgré son goût naturel pour la simplicité, que malgré sa juste appréciation d'un éclat dont elle n'était pas éblouie, il était convenable de juger sa position avec dignité et de la respecter.

Mademoiselle de Beauharnais était, d'ailleurs, soutenue dans ses sages dispositions, non-seulement par sa tendresse pour sa mère, mais encore par les conseils pleins de prudence que madame Campan ne cessait de lui donner dans une correspondance assidue.

« Mettez-vous en garde, lui écrivait-elle, contre

les sentiments que vous pourriez inspirer, et tâchez de ne pas y répondre. Si vous vous sentiez seulement disposée à accorder une préférence, peut-être, pour le bonheur même de celui qui en serait l'objet, devriez-vous ne point vous y livrer. Ne lisez pas de romans; le général Bonaparte désapprouve cette lecture, et il avait raison l'autre jour en disant : « Toutes ces jeunes têtes se persuadent qu'elles ai-« ment. » C'est en général vrai, et il connaît bien le cœur humain. Quant à vous, ma chère enfant, songez que votre mère est arrivée à un degré de fortune qui doit élever, sans qu'on puisse l'en blâmer, les vues qu'elle a pour vous. Songez aussi au Premier Consul, qui vous chérit comme sa fille. Rappelez-vous ses bontés ainsi que sa position présente. Osez lui parler, dites-lui que votre cœur est libre, et que votre volonté est de vous conformer à la sienne pour votre établissement. N'allez pas brouiller votre étoile. Le malheur qu'on s'attire est le seul insupportable, parce que notre raison vient, malgré notre passion, nous condamner au fond de notre âme, et qu'il est de l'essence de la passion de s'affaiblir, comme celle de la raison est de se fortifier. Je fais des vœux pour que vous voyiez toujours juste. Malheureusement, on apprend de bonne heure à dessiner, à chanter, à jouer des instruments; mais l'expérience seule apprend à réfléchir, à connaître, à juger le mieux et à le choisir. »

Dans une autre lettre, madame Campan écrivait encore :

« Vous devez vous dire, ma chère Hortense : Je suis contente de moi-même après l'examen le plus sévère. Ainsi les autres doivent l'être, et je ne puis craindre de justes censures. J'admire, en effet, votre sagesse, ma chère enfant, et j'aurai le courage de dire au Premier Consul lui-même que, sur vingt jeunes filles ordinaires qu'il placera au milieu d'un état-major composé de jeunes gens qui partagent ses travaux militaires et sa gloire, qui sont environnés de tout l'attrait des vertus guerrières, les vingt seront touchées des regards et des assiduités respectueuses de ces jeunes gens. Voilà comment ses deux sœurs ont été déterminées dans leurs choix. Il paraît, d'après ce que m'a dit votre maman, que c'est ce qu'il redoutait pour vous. . . . . »

« . . . . . Vous me promettez de garder votre cœur libre et en état d'accepter le lien qu'on vous proposera, s'il ne vous occasionne pas de répugnance invincible. Songez, pour vous déterminer, à ne point vous arrêter aux formes, mais bien aux qualités, à la douceur du caractère. . . . . . . »

« . . . . . Si votre cœur est libre, comme vous me l'assurez, vous pèserez vous-même les inconvénients et les avantages ; mais si vous étiez prévenue, jamais vous ne trouveriez de qualités qu'à celui que vos yeux verraient avec prédilection. La femme qui a le plus d'esprit, en trouve à l'homme qu'elle aime, quelque sot qu'il soit. Sa laideur plaît et efface les beautés des formes les plus régulières. Enfin l'illusion de l'amour passe ; le lien indissoluble reste ; le *Monsieur* paraît tel qu'il est, et il n'est point coupable, car il n'est point changé. On s'en prend injustement à lui : c'est aux yeux, c'est au cœur prévenu qu'il faudrait s'en prendre. »

« . . . . . Faites en sorte, je vous prie, qu'en toutes choses votre conduite et celle d'Eugène puissent plaire au Premier Consul dans ses vues d'établissement pour vous deux. Vous êtes un des liens les plus chers entre lui et votre maman ; et si vous éprouviez de la disgrâce et de l'abandon, ne croyez pas vous-même que vous vous en consoleriez. On peut se passer d'arriver à un rang élevé, sentir même que c'est un bonheur d'en vivre éloigné ; mais on n'en descend pas sans douleur ; c'est encore une grande vérité. »

IV

Parmi les jeunes personnes mariées ou non mariées qui appartenaient à la famille du Premier Consul, et qui formaient son cercle habituel, mademoiselle de Beauharnais était, sinon la plus belle, du moins la plus remarquable et la plus remarquée par l'élégance de sa taille, par la grâce de son maintien. Sa physionomie douce et bienveillante s'harmoniait à merveille avec sa belle chevelure blonde et sa peau d'une extrême blancheur.

Son esprit était prompt, aimable, prévenant, et sa gaieté douce et communicative était tempérée par une constante dignité. Elle avait un jugement sain en toutes choses, et nul penchant à la coquetterie. Sa parure était d'une élégante simplicité, dont elle ne s'écartait que lorsque les devoirs de la représentation lui en imposaient la nécessité. Elle aimait les arts et s'en occupait avec succès. Douée d'un véritable talent en peinture, elle était aussi excellente musicienne.

Tout le monde connaît les suaves et gracieuses mélodies que la reine Hortense a composées à diverses époques, et qui, devenues populaires dans toute l'Europe, n'ont pas vieilli, telles que : *Conseils à mon Frère*, *l'Hymne à la Paix*, *la Sentinelle*, *Marchons à la Victoire*, *le Chant du Berceau*, *le Retour en France*, *Autre ne sers*, fin de la devise des Beauharnais. *La Marche impériale*, qui s'exécute sur six pianos avec accompagnement d'un orchestre militaire, est une œuvre où la voix de la femme se mêle aux accents les plus mâles; rien n'est plus entrainant. *Moins connue, moins troublée*, est aussi une délicieuse poésie toute pleine d'inspiration. Puis *le Lai de l'Exil, les Chevaliers Français, le Beau Dunois*, etc.

Cette dernière romance, qui commence par cette strophe si connue : *Partant pour la Syrie*, est aujourd'hui le chant national de la France, et partout, à l'étranger, c'est aussi l'air *du Beau Dunois*, appelé généralement air de *la Reine Hortense*, qu'on joue dans les cérémonies publiques où la France est représentée.

Ainsi, le 10 juillet 1862, nous nous trouvions dans le Palais de l'Exposition, à Londres, la première fois que les musiques des gendarmes et des zouaves de la garde impériale s'y firent entendre en présence de cent mille visiteurs. L'excellente musique du régiment de gendarmerie de la garde venait de jouer comme morceau final, *God save the Queen*, l'air national de l'Angleterre, et il avait été salué des hourras accoutumés. Mais, au moment où les musiciens s'apprêtaient à se retirer, un cri spontané, général et des plus énergiques, sortit de la foule anglaise ; on demandait *la Reine Hortense*. Les Français, naturellement, s'empressèrent de répondre à cet appel. A la première note de cet air si mélodieux et si entraînant, tout le monde se leva, les hommes chapeau bas, et le morceau fut ainsi écouté dans un religieux silence. Nous ne saurions trouver une expression pour donner une idée exacte de ce qu'avait de grandiose cet hommage rendu à la France et à son armée par cette immense foule composée d'hommes de tous les pays du monde, mais où cependant l'élément anglais dominait, et de beaucoup.

Toutes les romances, toutes les poésies de la reine Hortense eurent un véritable succès.

Douze de ces compositions ont été dédiées par elle à son frère Eugène, qu'elle chérissait tendrement. On trouve dans les paroles de ces romances l'expression la plus délicate et la plus élevée de ce que peuvent inspirer le culte de la gloire et l'amour de la patrie.

Le Premier Consul passait à la Malmaison tous les moments qu'il pouvait dérober aux affaires ; mais c'était surtout la veille de chaque décadi que le château s'apprêtait pour le plaisir et pour les fêtes.

« La Malmaison n'était jadis qu'une grange maudite[1]. Le souvenir des Normands qu'elle avait abrités dans les premiers jours du onzième siècle, propageait dans les esprits ces préventions héréditaires qui s'attachent aux lieux dont les crimes de l'homme et les malheurs des temps ont dramatisé l'histoire. Devenue fameuse par les désastres que ces aventuriers sans frein et sans pitié avaient répandus autour d'elle, la grange des Normands reçut le nom de *Mala Domus*. Elle s'élevait, solitaire et sinistre, comme ces vieux châteaux et ces rochers aux teintes rembrunies que la superstition des campagnes peuple encore aujourd'hui d'esprits mystérieux et d'ombres fantastiques. Le villageois attardé faisait de longs détours pour éviter l'aspect de la *Mala*

---

[1] *Joséphine à la Malmaison*, par Eugène de Limalle. — *Revue de l'Empire*, 2ᵉ année (1843), p. 21 et suivantes.

Domus et se soustraire à l'influence des génies des ténèbres. Comme il arrive toujours avec l'histoire des préjugés populaires, on avait fini par oublier l'origine de cette malédiction, et la grange, isolée comme ses alentours, restait séparée du monde, vouée à Satan, à ses œuvres et à ses conciliabules.

« Malgré ces préventions, et peut-être à cause d'elles, la *Mala Domus* passa en 1244 aux moines de Saint-Denis, qui, plus tard, la transmirent au conseiller Perrot. C'était alors une maison de campagne d'assez belle apparence ; mais, en dépit de ces transformations, on conservait toujours le souvenir de la grange maudite.

« Vendue comme bien national en 1792, la Malmaison devint la propriété du banquier Lecoulteux de Canteleux, qui fut depuis sénateur, et fit cession de ce domaine à Joséphine durant la campagne d'Égypte. Le général Bonaparte, avant de s'embarquer pour les rives du Nil, avait témoigné le désir de se trouver, à son retour, possesseur d'une maison de campagne. Docile aux instructions qu'elle avait reçues, Joséphine, après avoir hésité longtemps entre le domaine de Ris et la Malmaison, se décida pour ce dernier séjour. De brillantes fêtes inaugurèrent son installation, et la *Mala Domus* se vit tout à la fois ennoblie par les lauriers d'Italie, de Memphis et des Pyramides.

« Après les grands jours de brumaire, le général, devenu Premier Consul, s'était installé au Luxembourg; mais le palais de Médicis n'était réellement que sa résidence politique; c'était à la Malmaison qu'il réservait ses loisirs; c'était là qu'il recevait ses compagnons d'armes, ses amis, ses confidents, et cette foule d'hommes qui, mêlés au tourbillon des affaires, s'attachaient à ses pas comme le satellite à sa planète.

« La présence de Joséphine, cette femme dont l'Empereur a dit qu'elle était l'Art et les Grâces dans leur plus merveilleuse perfection, répandait sur ces réunions un charme irrésistible et indéfinissable; c'était le prestige de la gloire et du génie adouci et vivifié par toutes les séductions de la vie élégante, par toutes les sensualités de l'intelligence, qui a bien aussi ses appétits, et des plus difficiles. Il n'y avait encore dans le salon de madame Bonaparte ni cette réserve muette, ni cette étiquette sévère qui furent plus tard une des lois de Saint-Cloud, des Tuileries et des palais impériaux; c'était une élégance sans raideur, un abandon plein de franchise et de convenance, également éloigné de la trivialité républicaine et des exigences de l'Empire. A peu d'exceptions près, tout le monde était admis sur le pied d'une égalité dont personne ne se plaignait; c'étaient, d'abord, les membres de la famille Bonaparte, ces rois prédestinés dont le front devait ceindre les couronnes d'Espagne, d'Italie, de Hollande, etc.... Venaient ensuite les compagnons, les frères d'armes du Premier Consul : Murat, Berthier, Duroc, et tant d'autres dont les noms sont inscrits dans les annales de la victoire, quelques-uns même dans l'histoire des rois; puis les savants, les voyageurs connus, les littérateurs, les artistes, les diplomates, Volney, Denon, Lemercier,

Isabey, Talma, Larrey; puis le prince de Poix, M. de l'Aigle, le général de Beurnonville; puis enfin, mais déjà mystérieux, dînant parfois avec Bonaparte, mais le visitant de préférence vers les dernières heures de la soirée, M. de Talleyrand... »

« .... Que l'on se figure cette société si jeune, si pleine d'avenir et d'un avenir si prodigieux; si vive, si joyeuse de sa noble existence, de sa gloire présente et de ses espérances; et tout ce monde avec ses allures franches et dégagées, à cette époque où l'on n'apercevait encore ni chambellans, ni préfets du palais, ni pages, ni dames d'atour, ni dames d'annonces, ni rien enfin de ce faste que la couronne traîne après elle comme la rose son épine; et l'on pourra se faire une idée de ce qu'était alors la *Mala Domus* du onzième siècle.

« Puis venaient ces fêtes dont le souvenir a survécu aux splendeurs de la Malmaison; puis les parties de barres, auxquelles chacun prenait une part si vive, surtout le Premier Consul, qui retrouvait dans cet exercice ses premiers souvenirs de

Brienne et quelque folle image de ses immortelles batailles.

« Les deux camps sont formés : voici d'un côté Bonaparte, Lauriston, Rapp, Eugène et les demoiselles Auguié ; de l'autre côté, Joséphine, Hortense, Jérôme, madame Caroline Murat, Isabey, Didelot, de Luçay.

« La lutte est engagée ; bientôt deux files de prisonniers se déroulent de part et d'autre; mais le nombre est à peu près égal, la victoire indécise. C'est le moment de frapper le grand coup, la garde va donner ; Bonaparte s'élance, avec quelle vigueur, quelle impétuosité ! Hortense est poursuivie, elle s'épuise en détours et en ruses de guerre ; mais la voilà perdue.....quand le Premier Consul, rencontrant sous ses pieds une racine cachée dans l'herbe, s'étend tout de son long sur le champ de bataille. Un cri s'élève ; mais Bonaparte se relève avec de grands éclats de rire et se livre au vainqueur. Ces chutes imprévues l'arrêtaient presque toujours au milieu du triomphe et devenaient une source de plaisanteries aussi bruyantes qu'inoffensives. Venait alors l'échange des prisonniers. De là grandes querelles; il fallait deux ennemis pour le rachat du Premier Consul, et trois au moins pour Hortense, dont l'intrépidité connaissait peu d'obstacles. Ces différences constituaient, à proprement parler, toute l'aristocratie de la Malmaison.

« Quand on avait repris haleine, on se réunissait fraternellement, vainqueurs et vaincus, autour d'une collation champêtre, et, après quelques heures de repos, on passait au théâtre, où l'on jouait la comédie sous la direction de M. Michot. Les principales pièces du répertoire étaient le *Barbier de Séville*, le *Dépit amoureux*, la *Gageure imprévue*, etc..... Bonaparte ne prenait point de rôle; il composait, avec Eugène, Rapp, Lauriston, Junot, Isabey, Didelot et les convives du jour, l'auditoire, dont la critique s'endormait rarement et s'exhalait en plaisanteries quelquefois personnelles, mais toujours accueillies avec le respect dû au public souverain. »

Nous devons ajouter à ces souvenirs des fêtes de la Malmaison que les principaux acteurs appelés à représenter les meilleures pièces du répertoire de la Comédie-Française, étaient généralement choisis dans la famille du Premier Consul et parmi les jeunes officiers de sa maison. Plusieurs d'entre eux, et surtout mademoiselle de Beauharnais, jouaient à merveille la comédie. Un admirateur enthousiaste de l'illustre troupe écrivait un jour à madame Campan : « Hortense est délicieuse, madame Murat charmante, Bourrienne parfait, Jérôme unique ! »

V

Lorsque l'Empire eut été proclamé, les travaux de l'État retinrent Napoléon aux Tuileries, et dès lors, il eut rarement l'occasion de quitter ce qu'il appelait le *collier de misère*. Dès lors aussi la Malmaison rentra dans le silence ; puis, quand les lois de la raison d'État eurent amené le divorce, elle ne fut plus habitée que par Joséphine, et s'attrista de ses regrets.

Le 3 nivôse an ix (24 décembre 1800), le Premier Consul fut préservé comme par miracle de la mort qu'avait lancée autour d'elle la machine infernale de la rue Saint-Nicaise.

Tout Paris attendait avec impatience l'exécution de *la Création*, ce chef-d'œuvre de Haydn, où devaient figurer les chœurs réunis de l'Opéra et du théâtre Feydeau. On savait dès le matin que le Premier Consul assisterait à cette représentation, et il y avait foule depuis les Tuileries jusqu'au Théâtre-Français, où jouait l'Opéra.

La voiture dans laquelle monta Bonaparte avec les généraux Lannes, Bessières et Le Brun, était suivie d'assez près par une seconde voiture dans laquelle se trouvaient madame Bonaparte, mademoiselle de Beauharnais, madame Murat et le général Rapp.

Madame Bonaparte avait jeté à la hâte sur ses épaules un châle qu'elle venait de recevoir de Constantinople ; mais, au moment de monter en voiture, elle s'aperçut qu'il n'était pas mis avec le soin habituel qu'elle apportait à sa toilette. Le temps qu'elle prit pour rajuster ce vêtement la fit partir quelques minutes après Bonaparte, et c'est cet incident, si futile en apparence, qui sauva la vie à quatre personnes.

Un tonneau de porteur d'eau, rempli de poudre et de mitraille, fit explosion, dans la rue Saint-Nicaise, au moment où la voiture du Premier Consul venait de passer et se trouvait, par conséquent, à l'abri des éclats ; mais la deuxième voiture arrivait à ce moment-là, et les chevaux furent tellement effrayés qu'ils refusèrent un instant de marcher. Les vitres de la voiture furent entièrement brisées, et mademoiselle de Beauharnais fut blessée au bras droit par un éclat de verre.

Quinze personnes tuées, plus du double de blessées, et une quarantaine de maisons fortement ébranlées, furent les tristes résultats de l'explosion de cette machine infernale.

Cet odieux attentat, préparé par une fraction perverse du parti royaliste, et en tête de laquelle se trouvaient Georges Cadoudal, Carbon, Saint-

Réjant et Limoëlan, jeta la consternation dans la capitale, mais il accrut encore la popularité du Premier Consul, déjà si grande à cette époque.

On ne peut s'empêcher de faire un douloureux rapprochement en songeant que, le 14 janvier 1858, de formidables explosions jetèrent aussi la mort et la terreur parmi la foule réunie devant l'Opéra, au moment où y arrivaient Napoléon III et l'impératrice Eugénie. Leurs Majestés échappèrent providentiellement, elles aussi, à cet odieux attentat; mais cette fois, du moins, c'était une main étrangère qui avait préparé ces engins de mort.

L'année 1801, qui suivait de si près l'attentat du 3 nivôse, fut marquée par de nouveaux succès du Premier Consul. Ainsi, le 9 février, il signait le glorieux traité de Lunéville, qui arrachait à l'Autriche la reconnaissance de nos grandes frontières, et, au mois d'octobre suivant, les préliminaires de la paix avec l'Angleterre étaient signés à Londres.

VI

Au milieu de la joie que ces heureuses nouvelles causaient dans toute la France, on commença à parler d'un projet de mariage entre mademoiselle de Beauharnais et Louis Bonaparte, troisième frère de Napoléon, né à Ajaccio, le 2 septembre 1778.

Louis avait embrassé de bonne heure la carrière des armes; à l'âge de quatorze ans, il avait été adjoint à l'état-major du général Bonaparte, avec le grade de sous-lieutenant. Lorsqu'il suivit son frère en Italie, il avait dix-huit ans. Pendant toute cette campagne jusqu'à l'expédition d'Égypte, Louis servit en vrai soldat; il montra du courage sans s'occuper d'acquérir une réputation militaire. Il déploya du sang-froid, du zèle, de l'activité, mais point d'ambition.

Lors de l'expédition d'Égypte, bien que Louis espérât en faire partie, il eût cependant désiré, par une raison secrète, que cette expédition fût ajournée. Il avait rencontré à la pension de sa sœur une jeune personne dont il s'était vivement épris, et avait confié ce secret à Casabianca, ancien officier supérieur, qui s'était hâté d'en faire part au général Bonaparte. Le lendemain, Louis recevait l'ordre de partir pour Toulon, où il devait attendre son frère pour le suivre en Égypte. Il est clair que, dès ce moment, Bonaparte avait formé le projet d'unir sa belle-fille, mademoiselle de Beauharnais, à son frère.

Le 14 mai 1799, Louis quitta l'Égypte, chargé par le général Bonaparte de remettre au Directoire les drapeaux pris sur l'ennemi. Son retour à Paris n'était plus redouté de son frère, puisque, aussitôt après son départ pour l'Égypte, celle qu'il aimait s'était mariée.

Au commencement de l'année suivante, Bonaparte, devenu Premier Consul, envoya Louis, en qualité d'ambassadeur, auprès de Paul Ier. La fin subite et tragique du tzar força Louis de s'arrêter à Berlin. Revenu à Paris, il fut nommé colonel du 5e dragons, dans lequel il avait été incorporé comme chef d'escadron, lors de son retour d'Égypte.

Après la bataille de Marengo, à laquelle il prit part, Louis voyagea quelque temps en Prusse. A son retour, son frère lui renouvela la proposition de mariage avec Hortense de Beauharnais, dont il lui avait déjà parlé plusieurs fois indirectement. Louis refusa sans motiver sa détermination, car l'éloge de la jeune Hortense était dans toutes les bouches.

Comme une expédition pour le Portugal avait été

résolue, Louis fit comprendre son régiment dans le corps d'armée désigné pour ces opérations militaires.

Aussitôt après son retour à Paris, Joséphine lui reparla du mariage projeté avec sa fille. Bonaparte se joignit à elle.

Si, en pareille occasion, dans la plupart des familles, on s'arrête d'abord à la considération des intérêts et des convenances, il en doit être ainsi, à plus forte raison, lorsqu'il s'agit d'une union fondée dans des vues politiques. Le Premier Consul, qui pouvait déjà se regarder comme investi du pouvoir souverain, songeait à l'élévation de sa famille. Il aimait son frère Louis, dont il avait dirigé les premiers pas dans la vie; il aimait aussi les enfants de sa femme. Il voulait qu'Hortense participât à la haute fortune qu'il destinait à son frère. Madame Bonaparte elle-même désirait beaucoup ce mariage.

Louis et Hortense cédèrent, dès lors, aux vives instances de leur famille. Dans le caractère des deux futurs époux il existait non-seulement des contrastes frappants, mais des oppositions tranchées qui, tôt ou tard, devaient produire l'éloignement.

Bien que voué au métier des armes, Louis n'était pas né soldat. D'un caractère observateur et silencieux, il voyait avec douleur les désastres de la guerre et se sentait à regret entraîné dans une carrière antipathique à sa nature. Il aimait la retraite, l'étude, et ne pouvait sentir le faste. Cette disposition d'esprit, qui lui était commune avec Hortense de Beauharnais, ne put suffire pour former entre eux un lien de sympathie. Il avait un esprit contemplatif, elle avait une âme ardente qui n'était pas exempte d'ambition. On a beaucoup loué les ouvrages littéraires de Louis Bonaparte, surtout les lettres qu'il écrivit d'Égypte et dans lesquelles il déploie, avec les principes d'une vraie philosophie, un ardent amour de l'humanité; mais la gloire des armes lui eût fait trouver, plus sûrement peut-être que la gloire des lettres, le chemin du cœur d'Hortense, qui, dès la première proposition qui lui en avait été faite, montra peu de penchant pour ce mariage. Elle reprochait à Louis une excessive prévention contre les femmes. Il les accusait généralement d'être vaines, frivoles, possédées du besoin d'être admirées. « Elles cherchent l'éclat, disait-il, et le bonheur n'en a point. Madame Campan rapporte cependant que Louis-Napoléon, trois ans auparavant, ayant vu Hortense prendre son modeste dîner de pensionnaire à côté de son institutrice, dit à cette dernière un mot qui lui fit penser que l'idée d'un mariage avec mademoiselle de Beauharnais n'était pas loin de son esprit ni de son cœur. Hortense était alors âgée de seize ans, et Louis Bonaparte, déjà colonel du 5e régiment des dragons, était dans sa vingt-deuxième année. Peut-être les idées de convenance que madame Campan attachait à cette union furent-elles cause qu'elle se méprit dans l'interprétation qu'elle donna aux paroles du jeune colonel. Ce qui est certain, c'est qu'en dépit de son esprit et de son expérience, elle ne se montra pas plus clairvoyante lorsque ce mariage lui fut annoncé.

« Vous allez, écrit-elle à son élève, former un lien auquel toute l'Europe applaudira avec moi. *Je crois avoir une connaissance assez profonde des caractères et des analogies.* J'avais remarqué en vous deux des goûts qui, par leur conformité, assurent le bonheur intérieur. Vous avez seuls de quoi vous suffire, et la plus profonde retraite ne vous ennuierait pas, si vous y étiez amenés par la nécessité. Vous serez le lien de deux familles qui n'en doivent faire qu'une, et qui, toutes deux, sont chères à la France. Je vous prédis donc *que vous vous aimerez beaucoup et toujours.* M. Louis était difficile à marier. Le Premier Consul, qui sait trouver remède à tous les maux, a choisi la femme qui devait le rendre heureux par toutes les qualités qu'il apprécie, et il n'y a qu'à louer l'homme qui désire toutes ces qualités dans sa femme. Avant peu, chère amie, je ne vous écrirai plus pour vous donner des conseils. Vous aurez un guide auquel il vous suffira de plaire. A ce moment, l'institutrice n'a plus rien à faire qu'à jouir de son ouvrage. Un mariage fondé sur une convenance de situation, d'éducation, de goûts, qui a frappé tout le monde, *doit être le plus heureux des liens.* »

Si Hortense de Beauharnais et Louis Bonaparte eussent été parfaitement libres de leur choix, il eût pu se faire, en effet, que leurs qualités mutuelles les eussent attirés l'un vers l'autre ; mais ce choix leur était imposé comme un devoir, comme une obligation ; c'en était assez pour qu'ils ne trouvassent pas dans cette union le bonheur que, dans d'autres conditions, ils eussent pu en attendre.

Le contrat et le mariage civil eurent lieu aux Tuileries, le 3 janvier 1802, en présence des familles Bonaparte et de Beauharnais. Les églises étaient encore fermées à cette époque, mais l'on négociait le concordat, et le cardinal Caprara, sur la demande des deux époux, leur donna la bénédiction nuptiale dans le salon de l'hôtel de la rue de la Victoire, que le Premier Consul avait affecté à leur résidence.

Caroline Bonaparte, déjà mariée depuis quelque

temps au général Murat, profita de cette circonstance pour faire bénir aussi son union.

Le corps diplomatique tout entier assista au bal qui fut donné, chez madame de Montesson, à l'occasion du mariage de mademoiselle de Beauharnais avec Louis Bonaparte.

« Jamais, dit le roi Louis dans ses *Mémoires*, cérémonie ne fut si triste ; jamais enfin, deux époux ne ressentirent plus vivement le pressentiment de toutes les horreurs d'un mariage forcé et mal assorti. »

« La politique seule a fait ce mariage, a écrit M. Mocquard[1], mariage malheureux depuis, comme la plupart de ceux auxquels elle s'arroge le droit de présider seule. Nulle sympathie de caractère entre les époux. Chéris néanmoins et honorés, ils surent s'entendre lorsqu'il fallut consacrer leur élévation à des bienfaits. »

Le 10 octobre 1802, Hortense mit au monde son

---

[1] *Notice sur la Reine Hortense*, publiée dans la *Revue de l'Empire*, 5e année (1846), p. 299.

fils aîné. Madame Campan parle de la manière pleine de grâce et de sensibilité dont Louis fêta la mère de son premier-né. « Vous en avez été touchée, écrit-elle à Hortense. Votre cœur sensible en aura été ému ; mais, je vous connais bien, l'aurez-vous témoigné ! Je sais que les âmes simples, pures et élevées dédaignent les démonstrations, mais ce qui part des qualités estimables devient quelquefois un défaut dans la vie privée. » Ce langage de madame Campan semble indiquer, cette fois, que sa pénétration n'avait pas été mise en défaut, et que la froideur de madame Louis Bonaparte à l'égard de son mari ne lui avait pas échappé.

VII

Dans l'intervalle de 1800 à 1803, au milieu de ses victoires, le Premier Consul avait pu apprécier de plus en plus les solides et brillantes qualités d'Eugène de Beauharnais.

Eugène avait assisté à la bataille de Marengo, où le grade de chef d'escadron fut la récompense de sa valeur dans cette immortelle journée.

Deux ans après, Eugène fut nommé colonel commandant de ce fameux régiment des chasseurs de la garde qu'il avait formé lui-même, et qui, sous le nom de *guides du général en chef,* avait été placé, dans les premiers temps de la campagne d'Italie, sous les ordres du colonel Bessières.

« Les années du Consulat, dit M. de Norvins, furent la troisième époque de l'instruction militaire d'Eugène de Beauharnais. Il y étudia la pratique de son métier et y acquit cette habileté qui le faisait remarquer parmi les premiers colonels de l'armée. »

Mais le moment approchait où tous les membres de la famille du Premier Consul allaient former autour de l'Empereur acclamé par la nation un cortége brillant de princes et de rois.

Nous allons suivre la fille de Joséphine dans cette seconde phase de son existence, où elle resta toujours la même, c'est-à-dire affectueuse, modeste et naturelle dans toute la simplicité de son âme.

Heureuse de se dérober à la grandeur extérieure pour cultiver à l'écart, au milieu de quelques cœurs dévoués et sympathiques, les arts qui furent sa plus chère, sa plus impérissable couronne, heureuse surtout de secourir toutes les infortunes qui venaient à elle ou qu'elle allait le plus souvent trouver, la reine Hortense ne rencontra dans l'exercice du pouvoir qu'un seul côté consolant, celui de faire le plus de bien possible.

Madame du Deffant a fait de Marie Lecsinska un portrait que mademoiselle Louise Cochelet a appliqué avec autant de tact que de délicatesse à la reine Hortense.

Voici ce portrait :

THÉMIRE.

« Thémire a beaucoup d'esprit, le cœur sensible, l'humeur douce, la figure intéressante. Son éducation lui a imprimé dans l'âme une piété si véritable, qu'elle est devenue un sentiment pour elle et qu'elle sert à régler tous les autres.

« Thémire aime Dieu, et immédiatement après, tout ce qui est aimable ; elle sait accorder les choses agréables et les choses solides ; elle s'en occupe successivement, et les fait quelquefois ensemble.

« Ses vertus ont pour ainsi dire le germe et la pointe des passions.

« Elle joint à une pureté de mœurs admirable une sensibilité extrême ; à la plus grande modestie, un désir de plaire qui suffirait quelquefois pour y réussir.

« Son discernement lui fait démêler tous les travers et sentir tous les ridicules. Sa bonté, sa charité les lui font supporter sans impatience, et lui permettent rarement d'en rire.

« *Les agréments ont tant de pouvoir sur Thémire qu'ils lui font souvent tolérer les plus grands défauts. Elle accorde son estime aux personnes vertueuses ; son penchant l'entraîne vers celles qui sont aimables. Cette faiblesse, si c'en est une, est peut-être ce qui rend Thémire si charmante.*

« Quand on a le bonheur de connaître Thémire, on quitterait tout pour elle ; l'espérance de lui plaire ne paraît point une chimère.

« Le respect qu'elle inspire, tient plus à ses vertus qu'à sa dignité; il n'interdit ni ne refroidit point l'âme et le sens. On a toute la liberté de son esprit avec elle ; on le doit à la pénétration et à la délicatesse du sien. Elle entend si promptement et si finement, qu'il est facile de lui communiquer toutes les idées qu'on veut sans s'écarter de la circonspection que son rang exige.

« On oublie, en voyant Thémire, qu'il puisse y avoir d'autres grandeurs, d'autres élévations que celle des sentiments. On se laisserait presque aller à l'illusion de croire qu'il n'y a d'intervalle d'elle à nous que la supériorité de son mérite ; mais un fatal réveil nous apprendrait que cette Thémire si parfaite, si aimable, c'est..... »

« C'est la reine Hortense ! » s'écriait mademoiselle Cochelet en reprochant à Sa Majesté l'espèce de fascination que son esprit produisait sur elle, comme sur toutes les personnes qui l'approchaient.

« Je préfère de beaucoup le caractère, lui répondit vivement la Reine; j'aime toutes les supériorités, celles de l'âme, de l'esprit, de la beauté, voilà les distinctions que l'on recherche dans la vie ; mais c'est avec l'esprit qu'on joue dans un salon. »

La devise qu'avait prise la reine Hortense :

Mieux connue, mieux aimée,
Moins connue, moins troublée,

résume à merveille la simplicité charmante de cet esprit d'élite, de ce cœur ouvert à toutes les délicatesses de la bienfaisance, à tous les dévouements de l'amitié, à toutes les ineffables tendresses de la mère.

CHAPITRE II

GRANDEUR

I

Napoléon venait d'être proclamé Empereur des Français. Louis Bonaparte, reconnu, ainsi que ses frères, prince du sang impérial, reçut l'épée de connétable, et fut à la fois colonel-général des carabiniers et gouverneur du Piémont. Son second fils, qui était né le 11 octobre 1804, reçut les noms de Napoléon-Louis, et fut baptisé à Saint-Cloud par le pape Pie VII.

En même temps qu'Hortense se voyait associée à

la haute fortune de sa mère, Eugène de Beauharnais était nommé prince et archichancelier d'État.

Dans son message au Sénat, de même que dans sa lettre datée des Tuileries, 12 pluviôse an XIII (1er février 1805), l'Empereur laissa voir, en ces circonstances, toute l'affection qu'il avait conçue pour le jeune colonel-général des chasseurs.

« Notre bénédiction, écrivait Napoléon au Sénat, accompagnera le prince Eugène dans toute sa carrière ; et, secondé par la Providence, il sera, un jour, digne de l'approbation de la postérité. »

Dans la lettre qu'il adressait à Eugène à cette occasion, il lui disait : « Je vous ai nommé prince et archichancelier d'État. Je ne puis rien ajouter aux sentiments exprimés dans le message que j'ai envoyé au Sénat à ce sujet, et dont copie vous sera adressée. Vous y verrez une preuve de la tendre amitié que je vous porte, et l'espoir où je suis que vous continuerez, dans la même direction, à mettre à profit les exemples et les leçons que je vous ai donnés. Ce changement n'apporte aucun obstacle à votre carrière militaire. Votre titre est le prince Eugène Beauharnais, archichancelier d'État. Vous recevrez le titre d'Altesse Sérénissime. Vous n'êtes plus colonel-général des chasseurs ; vous restez général de brigade, commandant les chasseurs à cheval de ma garde. Il n'y a rien de changé dans nos relations ordinaires, si ce n'est que vous signerez prince Eugène. Vous n'ajouterez votre titre d'archichancelier d'État que dans les affaires qui ressortissent à votre dignité ou dans les affaires officielles. »

L'impératrice Joséphine, au milieu de tout l'éclat qui l'environnait, n'oubliait pas cependant les malheureux, et ne fermait jamais l'oreille à la voix suppliante qui invoquait sa bonté. Sa fille Hortense était toujours à ses côtés quand il s'agissait de faire le bien, et surtout de le bien faire. Les ingrats, et elles en rencontrèrent un assez grand nombre, n'eurent jamais le pouvoir de refroidir leur cœur, d'arrêter leur inépuisable et sainte charité.

Madame Campan dirigea l'éducation de la jeune Stéphanie de Beauharnais jusqu'à l'époque de son mariage avec le fils du grand-duc de Bade. L'Empereur l'adopta alors, et il lui donna en dot une somme de 1,500,000 francs. L'ancienne institutrice d'Hortense savait que suivre les inspirations de son propre cœur en développant chez ses élèves le penchant à la bienfaisance, c'était seconder les vues de l'Impératrice et de sa fille.

Aussi, habituait-elle toutes ces jeunes personnes à visiter les tristes demeures de la misère et à y porter des secours. Elles y étaient conduites quatre seulement à la fois, et choisies parmi celles qui s'étaient distinguées le plus par leur travail et par le mérite de leur conduite. Mademoiselle Stéphanie de Beauharnais fut plusieurs fois de ce nombre.

Dans une lettre adressée à Hortense, madame Campan sollicite une petite somme destinée au soulagement d'une pauvre mère de famille : « Nous pourrions avec cela, dit-elle, meubler le réduit de cette malheureuse femme, et mademoiselle de Beauharnais en serait chargée. »

Napoléon, dans sa raison sévère, avait désapprouvé quelquefois, alors qu'il n'était que Premier Consul, l'éclat peut-être un peu trop élevé que madame Campan donnait à l'éducation de ses élèves; mais l'habile institutrice rentra promptement dans des voies plus conformes à la prudence. Elle comprit bien vite que les talents ne sont pas tout dans la vie, et qu'il faut être préparé de bonne heure à en remplir les devoirs sérieux. Aussi, lorsque l'Empereur songea à fonder la Maison des Filles de la Légion d'honneur, et à mettre madame Campan à la tête de cet établissement, il lui dit: « *Je veux de bonnes mères de famille.* » Ces paroles pleines de sagesse ne furent point perdues. Madame Campan, dans un entretien qu'elle eut à ce sujet avec M. Daru, intendant général de la maison de l'Empereur, et plus tard ministre d'État, le termina en disant : « Ne croyez pas que je ferai danser la gavotte et chanter des airs d'opéra à ces jeunes filles. Celles seulement pour lesquelles l'Empereur l'ordonnera, recevront des leçons afin d'acquérir des talents d'agrément. Le reste de l'éducation sera solide et religieux. Elles apprendront la couture, les ouvrages à l'aiguille, feront les hardes de la maison, et broderont des meubles pour la famille impériale. — Mais qu'en fera-t-on? demanda M. Daru. — On en fera de bonnes et vertueuses femmes. »

Ce fut le 3 décembre 1805, le lendemain même du jour où il avait gagné la bataille d'Austerlitz, que l'Empereur adopta, par un décret, les filles des braves morts sur le champ d'honneur, et traça de sa main un vaste plan pour les maisons impériales d'éducation, plan qui a toujours été fidèlement suivi depuis lors.

Madame Campan écrivait, à ce sujet, à sa chère Hortense, alors princesse Louis Bonaparte : « Les bases d'éducation adoptées par Sa Majesté me sont encore inconnues; mais, telles qu'elles seront, je sais d'avance que ce qu'il dictera, sera pour le mieux. »

Dans une autre correspondance, madame Campan disait à son ancienne élève, à la suite d'une visite qu'elle lui avait faite : « J'ai remporté le plus doux souvenir de votre manière d'exister à Saint-Leu. Dignité sans faste, décence sévère sans affectation, gaieté, bonté, tout y est parfait et à l'honneur du prince et de ma chère élève. »

Pendant l'été de 1805, la santé du prince Louis s'altéra d'une manière assez grave pour que les médecins lui prescrivissent de prendre les eaux de Saint-Amand. Sa femme l'accompagna dans ce voyage, d'où ils revinrent ensemble sans que les eaux eussent produit l'effet qu'on en avait attendu.

Au mois de novembre de la même année, le prince Louis fut nommé gouverneur par intérim de la capitale, en remplacement du prince Murat. Louis mit beaucoup de zèle et d'activité dans son gouvernement. Il ne l'avait accepté qu'à la condition qu'il se bornerait aux affaires militaires. Avec fort peu de troupes, il dut maintenir l'ordre et faire face à tous les besoins, malgré l'embarras des finances et l'agitation des partis.

II

Dès le 7 juin de cette année 1805, le prince Eugène avait été nommé vice-roi d'Italie. Après le couronnement de l'Empereur à Milan, le Corps législatif vint le complimenter; le Prince fit cette réponse, simple et modeste tout à la fois :

« Appelé bien jeune encore, par le héros qui préside aux destinées de la France et à celles de l'Italie, à demeurer près de vous l'organe de ses volontés, je ne puis vous offrir aujourd'hui que des espérances. Croyez-en, Messieurs, les sentiments qui m'animent : ces espérances ne seront pas trompées. Dès ce moment, j'appartiens tout entier aux peuples dont le gouvernement m'est confié. Aidé du concours de toutes les autorités, et particulièrement du zèle et des lumières du Corps législatif; toujours dirigé par le vaste et puissant génie de notre auguste souverain, plein des grandes leçons et des grands exemples que j'ai reçus de lui, je n'aurai qu'un but et qu'un besoin, la gloire et le bonheur du royaume d'Italie. »

Le 14 janvier 1806, le mariage d'Eugène avec la princesse Auguste-Amélie, fille du roi de Bavière, fut célébré avec une grande magnificence à Munich; le 12 mars suivant, l'Empereur l'avait adopté pour son fils ; le 30, il lui conféra le titre de prince de Venise.

L'Empereur avait pour son beau-fils et pour la princesse Auguste-Amélie une affection réelle et profonde. On en trouve à chaque instant l'expression dans la correspondance de Napoléon. Nous ne citerons que deux lettres, l'une datée de Stuttgard, l'autre de Paris, qui suivirent de près l'union des deux jeunes époux [1].

De Stuttgard, Napoléon écrivit : « Ma fille, la lettre que vous m'avez adressée est aussi aimable que vous. Les sentiments que je vous ai voués ne feront qu'augmenter tous les jours. Je le sens au plaisir que j'ai à me ressouvenir de toutes vos belles qualités, et au besoin que j'éprouve d'être assuré par vous-même que vous êtes contente de tout le monde et heureuse par votre mari. Au milieu de toutes mes affaires, il n'y en aura jamais pour moi de plus chères que celles qui pourront assurer le bonheur de mes enfants. Croyez, Auguste, que je vous aime comme un père, et que je compte que vous avez pour moi toute la tendresse d'une fille. Ménagez-vous donc dans votre voyage, ainsi que dans le nouveau climat où vous arrivez, en prenant tout le repos convenable. Vous avez éprouvé bien

[1] *Mémoires et correspondance politique et militaire du prince Eugène*, par A. Du Casse, tome II, p. 22 et 23.

du mouvement depuis un mois, songez bien que je ne veux pas que vous soyez malade. Je finis, ma fille, en vous donnant ma bénédiction paternelle. »

Voici maintenant la lettre écrite de Paris :

« Ma fille, je vous envoie mon portrait comme une preuve de mon estime et de mon amitié. J'ai reçu votre dernière lettre. J'ai écouté avec un grand plaisir tout le bien qu'on me dit de vous. J'imagine que vous avez reçu votre corbeille. Je vous ai envoyé en même temps une bibliothèque. Dites à Eugène combien je suis aise d'apprendre que vous êtes réciproquement heureux. »

L'impératrice Joséphine était satisfaite de ce mariage, qui associait son fils au rang des souverains de l'Europe ; elle était heureuse aussi de voir tout le monde rendre justice aux rares qualités de la princesse Auguste, qui faisaient présager pour Eugène ce bonheur intérieur du foyer, préférable à la plus brillante couronne.

Le prince Eugène avait pris possession de la vice-royauté en Italie; il s'appliqua, dès ce moment, à seconder les projets de l'Empereur en faisant entrer cette nation, libre et régénérée, dans la grande fédération européenne.

III

Avant que Napoléon n'eût placé sur sa tête la vieille couronne de fer des rois Lombards et confié au prince Eugène le soin de le représenter en Italie, la Hollande et le nord de la France avaient été menacés par la Prusse.

« L'Empereur, dit l'auteur d'une remarquable notice sur le roi Louis [1], qui voulait que tous les membres de sa famille partageassent son active

---

[1] *Revue de l'Empire*, 3ᵉ année (1844), p. 171 et 172.

ambition, essaya de donner au prince Louis, en cette occasion, les avant-goûts de la royauté. Occupé sérieusement en Allemagne, Napoléon ordonna la formation d'une armée du Nord, chargeant son frère de l'organiser et d'en prendre le commandement. Malgré la difficulté d'obtempérer aux désirs de l'Empereur, malgré les ministres, qui jugeaient la chose impossible, à force de soin et d'activité, Louis parvint à former cette armée en si peu de temps, qu'un mois, jour pour jour, après la date du décret de son frère, il écrivit de Nimègue qu'il se trouvait en position avec son armée, attendant ses ordres. Cette promptitude d'exécution, secondant la combinaison du corps d'armée qui était déjà sur les frontières de la Hollande, empêcha la Prusse de déclarer la guerre, comme elle en avait manifesté l'intention, et eut une grande influence sur les négociations. L'Empereur témoigna publiquement sa satisfaction à son frère Louis dans un des bulletins de la Grande-Armée et dans ses lettres particulières.

« Aussitôt après la bataille d'Austerlitz, Louis, croyant agir selon les intentions de l'Empereur, s'empressa de ramener à Paris les troupes qu'il avait enlevées à sa garnison, et alla au-devant de Napoléon jusqu'à Strasbourg. Celui-ci laissa alors échapper quelques mots sur ses desseins à l'égard de la Hollande.

« Pourquoi l'avez-vous quittée? dit-il à Louis; on vous y voyait avec plaisir; il fallait y rester. — La paix une fois conclue, répondit-il, j'ai tâché de réparer la faute que vous m'avez reprochée dans vos lettres, en renvoyant à leur poste les troupes que j'en avais fait sortir pour renforcer l'armée du Nord. Quant à moi, à qui vous avez laissé le commandement militaire de la capitale, mon devoir était de m'y trouver à votre retour, si je n'avais pas cru mieux faire en venant à votre rencontre. Je conviens, ajouta-t-il, que les bruits qui circulent en Hollande sur moi et sur le changement de gouvernement dans ce pays, ont hâté mon départ. Ces bruits ne sont pas agréables à cette nation libre et estimable, et ne me plaisent pas davantage. »

L'Empereur fit comprendre à son frère par sa réponse, quelque vague qu'elle fût, combien ces bruits étaient fondés. Mais Louis s'en inquiéta peu; il était persuadé qu'il trouverait facilement le moyen de refuser le haut rang qu'on lui destinait, rang qu'il n'ambitionnait pas et qui faisait l'objet des vœux les plus ardents de plusieurs membres de sa famille.

L'année 1806 vit éclore les nouveaux changements que méditait Napoléon dans l'organisation politique des divers États secondaires de l'Europe. Le grand pensionnaire Schimmel Pennink, chef de la république batave, bravant le mécontentement de l'Empereur, favorisait ouvertement le commerce de son pays avec l'Angleterre. Napoléon crut devoir saisir cette occasion pour prouver que l'on n'entraverait pas impunément son système de blocus continental, et il transforma la république batave en une monarchie héréditaire. Il ne fut pas nécessaire de recourir aux armes pour mettre ce dessein à exécution. La Hollande avait déjà été conquise par les Français en 1795, et le stathoudérat s'était trouvé aboli de fait.

Une députation envoyée par les Hollandais arriva à Paris ; elle venait offrir la souveraineté de leur pays à Louis-Napoléon, qui refusa énergiquement cette couronne. Les grands devoirs de la royauté s'accordaient mal avec ses goûts paisibles, et il eût préféré mille fois vivre dans la retraite. Cette existence eût été plus conforme à ses penchants, à la tendance naturellement mélancolique de son caractère, et surtout à la faiblesse de sa santé.

Mais Napoléon étendait à tous les membres de sa famille l'élévation de ses vues. Lorsque son frère lui représenta comme un obstacle au rétablissement de sa santé le climat humide et froid de la Hollande, l'Empereur lui répondit brusquement : « *Il vaut mieux mourir roi que de vivre prince.* »

Appelé peu de jours après au palais de Saint-Cloud sur une invitation ordinaire, comme s'il se fût agi d'une simple présentation, Louis-Napoléon Bonaparte fut proclamé roi de Hollande.

Si le prince n'eût considéré que lui seul, il eût persisté sans doute dans la résolution qu'il avait prise tout d'abord de se soustraire à des honneurs qu'il n'ambitionnait pas ; mais son mariage l'avait rendu responsable du sort de sa femme, de l'avenir de ses fils : il le comprit, et il céda enfin à la volonté de son frère.

Hortense, appelée à partager le pouvoir souverain, ne se sentit heureuse de cette haute position que par la pensée qu'elle pourrait augmenter la somme de ses bienfaits. Ce n'était pas cependant sans de profonds regrets qu'elle s'éloignait de son pays, de sa mère surtout, dont elle n'avait jamais été séparée que pendant d'assez courts et rares intervalles.

IV

Le nouveau Roi partit de sa terre de Saint-Leu, le 15 juin 1806, avec ses enfants et leur mère ; il arriva au palais du Bois, près de La Haye, le 18 du même mois, recevant en France et en Hollande, sur son passage, les honneurs souverains.

Leurs Majestés ne firent leur entrée solennelle à La Haye que quelques jours après. Elles y furent reçues avec un enthousiasme beaucoup plus vif qu'on ne devait l'attendre d'un peuple aussi calme.

Mais il convient de remarquer que le roi Louis avait déjà fait un séjour de quelque temps en Hollande, et qu'il avait pu faire reconnaître en lui toutes les qualités qui commandent l'estime et le respect.

De son côté, la reine Hortense y avait été précédée par la réputation de bienfaisance et de bonté qui lui attirait tous les cœurs. Il est rare, d'ailleurs, qu'une reine jeune, gracieuse, douée de tous les moyens de plaire, n'ait pas une action directe sur les masses populaires.

« Sire, dit au roi Louis, le président du Corps législatif, une nation célèbre par sa morale, se plaît à voir en vous le modèle des vertus qui l'ont distinguée de tous temps. Elle se livre au doux espoir que la sollicitude paternelle de Votre Majesté pour ses véritables intérêts relèvera, sous les auspices sacrés de la Providence, son industrie et son commerce, et fera renaître son ancienne splendeur. C'est ainsi que la génération présente et la postérité salueront Votre Majesté comme le restaurateur de la prospérité publique. »

LA REINE HORTENSE

La jeune Reine s'appliquait particulièrement à l'étude du pays dont elle était devenue la souveraine. Dans une lettre écrite à cette époque, madame Campan lui indique plusieurs ouvrages sur la Hollande. Après avoir fait mention de deux volumes de l'abbé Raynal sur le stathoudérat, d'une histoire abrégée des provinces-unies des Pays-Bas et d'une publication intitulée *les Délices de la Hollande*, madame Campan désigne encore d'autres ouvrages sérieux sur la population de ce pays, sur son commerce, sur son esprit public, sur les moyens de la maintenir dans son indépendance comme État, et de lui rendre son ancienne prospérité comme nation commerçante.

La reine Hortense s'empressa de se procurer tous les livres qui contenaient ces divers renseignements, et de les lire plusieurs fois avec la plus grande attention. Elle comprenait qu'une reine, lors même qu'elle n'a point à intervenir dans le gouvernement, doit son attention à tout ce qui concerne l'intérêt général, car elle est l'intermédiaire naturel entre le peuple et le souverain.

La cour de Hollande ne tarda pas à présenter l'aspect le plus brillant. Les personnes qui entouraient la reine Hortense, étaient, comme elle, dans tout l'éclat de la jeunesse. La parure des femmes, les costumes adoptés par les fonctionnaires publics, par les officiers de la couronne, étaient d'une magnificence jusqu'alors inconnue dans le pays. Ce luxe, qui succédait à la simplicité républicaine, ne semblait nullement déplaire au peuple hollandais.

Aux fêtes publiques qui avaient eu lieu à La Haye pendant le séjour de Leurs Majestés, succédèrent des bals à la cour, dans lesquels la reine Hortense, qui dansait avec une perfection incomparable, était l'objet d'une admiration qu'elle ne devait en rien au prestige de son rang.

Mais la digne fille de l'impératrice Joséphine recherchait d'autres suffrages, qui ne pouvaient d'ailleurs lui manquer, car tout, en elle, était grâce et bonté; elle possédait au plus haut degré cet attrait si puissant de l'esprit et du cœur, qui non-seulement fait pardonner le pouvoir, mais qui encore le fait aimer.

Malgré la répugnance réelle avec laquelle le roi Louis avait accepté le trône, il ne songea plus, lorsqu'il y fut monté, qu'à s'associer franchement aux intérêts de la Hollande. « Je voudrais être salué du titre de Majesté nationale, » avait-il dit à une députation de l'un des grands Corps de l'État qui était venue le complimenter.

Avec un tact parfait, le roi Louis congédia le corps de troupes françaises qui l'avait escorté, et il ne voulut entrer dans sa capitale qu'avec une escorte hollandaise. La nation apprécia cette délicatesse, dont le Roi lui donna bientôt de nouvelles preuves.

Napoléon avait formé lui-même, à Paris, la maison de son frère, et tous les officiers qu'il avait emmenés étaient Français. Cette préférence exclusive ne pouvait manquer de blesser vivement les familles patriciennes de la Hollande. Le Roi le sentit, et il éloigna successivement, sous des prétextes plausibles, tous les grands dignitaires français. Il s'entoura ensuite d'officiers choisis dans le sein de la nation qui l'avait fait Roi. Cette mesure était d'une politique habile ; elle lui concilia la sympathie de l'élite de ses sujets.

M. de Broc, grand maréchal du palais, fut du nombre de ceux que le roi Louis éloigna de sa personne. Il l'envoya en ambassade à Madrid, pour complimenter Joseph, son frère aîné, qui venait de recevoir des mains de l'Empereur la couronne d'Espagne, tombée de la tête de Charles IV, et M. de Broc ne fut plus rappelé à La Haye. Mais sa jeune femme, Adèle Auguié, nièce de madame Campan et sœur de madame la maréchale Ney, ne put se résoudre à quitter la Reine. Elle avait été l'une des meilleures amies de mademoiselle de Beauharnais dans la maison de madame Campan, et la Reine avait pour elle le plus tendre attachement. Les consolations, les soins d'une amitié sincère et dévouée, commençaient d'ailleurs à devenir nécessaires à la reine Hortense. Il semble, en effet, que c'est de cette époque que date la mésintelligence qui vint prendre, entre le roi Louis et sa femme, la place de ce qui n'avait été le plus souvent, jusque-là, que de la froideur.

Napoléon voyait avec peine cette mésintelligence, qu'il attribuait au caractère morose de son frère, à qui il écrivit de Finkeinstein, le 4 avril 1807, une lettre de laquelle nous extrayons le passage suivant :

« ..... Vous avez la meilleure femme et la plus vertueuse, et vous la rendez malheureuse. Laissez-la danser tant qu'elle veut, c'est de son âge. J'ai une femme de quarante ans ; du champ de bataille, je lui écris d'aller au bal ; et vous voulez qu'une femme de vingt ans, qui voit passer sa vie, qui en a toutes les illusions, vive dans un cloître, soit comme une nourrice, toujours à laver son enfant. Vous êtes trop dans votre intérieur et pas assez dans votre administration.

« Je ne vous dirais pas tout cela sans l'intérêt

que je vous porte. Rendez heureuse la mère de vos enfants. Vous n'avez qu'un moyen, c'est de lui témoigner beaucoup d'estime et de confiance. Malheureusement, vous avez une femme trop vertueuse ; si vous aviez une coquette, elle vous mènerait par le bout du nez ; mais vous avez une femme fière, que la seule idée que vous puissiez avoir mauvaise opinion d'elle révolte et afflige. Il vous aurait fallu une femme comme j'en connais ; elle vous aurait joué sous jambe, elle vous aurait tenu à ses genoux. Ce n'est pas ma faute, je l'ai souvent dit à votre femme. »

La Reine conservait une vive gratitude pour son ancienne institutrice, avec laquelle elle n'avait jamais cessé d'être en correspondance. Mais, soit qu'elle ne voulût point lui faire connaître les peines qui troublaient sa vie, soit que madame Campan eût la prudence d'éviter d'en paraître instruite, toujours est-il que, dans ses lettres à son ancienne et chère élève, elle semblait croire que l'union et la confiance régnaient dans l'intérieur de la famille royale de Hollande.

La sagesse du gouvernement du roi Louis prouve qu'il s'était beaucoup trop défié de lui-même lorsqu'il avait paru douter de son aptitude aux affaires du gouvernement.

La justesse de son esprit et les nobles aspirations de son âme lui avaient fait sentir qu'il devait tout sacrifier à la prospérité de sa patrie. Jusqu'à la fin de son règne, trop court pour le bonheur de son peuple, il ne dévia pas de cette ligne de conduite, et résista avec une grande fermeté de caractère à l'ascendant de l'Empereur, qui voulait subordonner à l'intérêt de la France celui de tous les États secondaires qu'il venait de reconstituer.

Quoique le roi Louis eût appelé exclusivement des Hollandais à remplir les plus hautes fonctions de l'État, quelques emplois d'une moindre importance avaient été donnés à des Français, mais il les traitait généralement avec beaucoup de froideur.

C'était une raison pour que la Reine cherchât à leur faire oublier cette manière d'agir par la bienveillance de son accueil et de ses paroles. Elle était restée toute Française et s'identifiait entièrement à la politique du souverain qui faisait la gloire de la France. Cependant, bien qu'elle désapprouvât entièrement un système qui tendait à éloigner tous ses compatriotes, elle ne s'en montrait pas moins aimable pour les Hollandais. Mais il était impossible que les prédilections particulières d'Hortense et celles de Louis ne fissent pas naitre des rivalités dans l'intérieur du palais, et qu'il n'en résultât pas des sources de désunion entre Leurs Majestés.

V

La guerre de 1807, avec la Prusse, sépara momentanément le roi et la reine de Hollande. La reine Hortense alla rejoindre à Mayence l'impératrice Joséphine, et Louis fit cette campagne à la tête de l'armée hollandaise, forte de 20,000 hommes, 3,000 chevaux et 40 pièces de canon. Après la bataille d'Iéna, il se rendit en Westphalie et occupa Munster, Osnabruck, Paderborn et l'Ostfrisie.

A son retour dans son royaume, un événement

désastreux lui donna l'occasion de se rendre plus cher à son peuple.

Deux bateaux de poudre sautèrent à Leyde et emportèrent une partie de la ville. Louis accourut de La Haye [1], et dirigea lui-même les travaux de sauvetage sur le lieu même de la catastrophe, prodiguant à tous des secours et des consolations, et recueillant, dans son château du Bois, les familles qui avaient perdu leurs habitations. Cet acte de dévouement le rendit très-populaire. Aussi, l'été suivant, lors de la visite qu'il fit de plusieurs parties de son royaume, il fut reçu partout avec la plus franche cordialité. « J'espère, disait-il aux habitants d'Edam, que les Hollandais oublieront un jour que je ne suis pas né en Hollande. » Un vieillard du peuple lui répondit : « Nous l'avons oublié depuis Leyde. »

Madame Campan ne manqua pas de saisir cette circonstance pour chercher à rétablir entre les deux

---

[1] *Revue de l'Empire*, 3e année (1844), p. 174 et 175.

époux la bonne harmonie que la différence de leur caractère, de leurs vues et de leur manière de sentir paraissait devoir écarter du foyer domestique.

« Voilà Votre Majesté rentrée dans ses États, écrit-elle à la reine Hortense. Elle y est rentrée après un malheur dont il existe peu d'exemples, mais aussi après que le Roi y a donné des preuves tout aussi rares d'un courage et d'une humanité qui doivent lui assurer à jamais l'amour de ses peuples, et qui, sûrement, ont fait éprouver au cœur de Votre Majesté la douce satisfaction qu'une épouse ressent des bonnes et grandes actions du prince auquel sa destinée est liée, et du père de ses enfants. Recevez donc, en même temps, mon compliment de condoléance sur cet accident déplorable, et mes félicitations sur la gloire qu'en a retirée le Roi. »

Un malheur aussi terrible qu'inattendu vint frapper, dans cette année 1807, le roi et la reine de Hollande. Le prince Napoléon-Louis-Charles, leur fils aîné, fut emporté en quelques heures par le croup, maladie peu connue jusqu'alors. Il mourut à La Haye, le 5 mai 1807, date à laquelle devait expirer, quatorze ans plus tard, sur le rocher de Sainte-Hélène, le grand homme dont il portait le nom et dont il semblait appelé à recueillir l'héritage.

Aux premiers symptômes de cette cruelle maladie, Leurs Majestés expédièrent à Paris un courrier porteur d'une invitation au docteur Corvisart de venir sur-le-champ à La Haye ; mais le prince était mort au retour du courrier.

Il est de ces douleurs dont aucune parole ne peut donner une idée. La reine Hortense tomba dans un désespoir si violent que l'on craignit sérieusement pour ses jours. La douleur du Roi, quoique plus concentrée, n'en fut pas moins profonde.

Ce malheur commun amena quelques instants de rapprochement entre eux, et ils pleurèrent ensemble. Ce ne fut ni par des cris ni par des démonstrations extérieures que la reine Hortense manifesta sa douleur ; elle tomba dans un accablement qui tenait de l'insensibilité ; elle était morne et taciturne. Dans ces tristes circonstances, on pensa qu'il fallait lui faire quitter momentanément les lieux où tout lui rappelait la mort de l'aîné de ses fils.

Le roi Louis expédia un courrier à l'impératrice Joséphine pour l'engager à venir chercher sa fille au château de Laëken, près de Bruxelles.

« J'avais passé la nuit dans la chambre de l'Impératrice, qui était fort gravement incommodée, dit mademoiselle Avrillon [1], et j'y étais couchée tout habillée sur un lit de repos, lorsqu'on apporta à Sa Majesté la missive du roi de Hollande. Il faut avoir été témoin de la douleur de l'Impératrice pour s'en faire une idée. N'écoutant que ce que lui dictait son cœur maternel, elle ne perdit pas un moment, et ses préparatifs furent bientôt faits. Elle n'emmena dans ce voyage qu'une seule dame du palais, un chambellan, un écuyer, le secrétaire de ses commandements, le médecin de service, un premier valet de chambre et moi.

[1] *Mémoires de Mlle Avrillon*, tome II, p. 31.

« Malgré l'état de souffrance de Sa Majesté, nous voyageâmes en toute diligence, et nous arrivâmes au château de Laéken un peu avant la Reine, que le Roi y amenait. Je fus témoin de leur première entrevue. La Reine était dans un état de stupeur vraiment effrayant; la présence de sa mère fit couler de ses yeux les premières larmes que lui eût arrachées son malheur; elles restèrent plus d'une minute embrassées et confondant leurs larmes; ces embrassements maternels apportèrent quelques soulagements à la Reine. Le Roi, ne pouvant rester, vint prendre congé de l'Impératrice pendant la nuit, et repartit pour la Hollande. Il était réellement dans un état à faire pitié : accablé de douleur, il l'était aussi, par les infirmités, à un tel point qu'il pouvait à peine marcher.

« Après quelques jours passés au château de Laéken, il fut question de savoir quel parti prendrait la reine de Hollande, et le lieu où il lui conviendrait de se rendre. On s'arrêta à l'idée d'un voyage dans les Pyrénées, la saison des eaux étant favorable. On espéra que le mouvement et l'air des montagnes seraient pour elle les distractions les plus convenables. Elle était comme un enfant, sans volonté, et partit pour le lieu de sa destination. Le lendemain nous nous mîmes aussi en route pour retourner à Saint-Cloud. »

En apprenant la mort du jeune prince Napoléon-Louis-Charles, l'Empereur témoigna un vif chagrin. Il écrivit le 20 mai 1807, à sa belle-fille, la lettre suivante :

« Ma fille, tout ce qui me revient de La Haye m'apprend que vous n'êtes pas raisonnable. Quelque légitime que soit votre douleur, elle doit avoir des bornes ; n'altérez point votre santé, prenez des distractions, et sachez que la vie est semée de tant d'écueils et peut être la source de tant de maux, que la mort n'est pas le plus grand de tous. »

VI

Une même douleur avait rapproché Louis et Hortense. Un nouveau lien semblait devoir donner à ce rapprochement un caractère durable. Après un mois de séjour à Cauterêts, où le Roi avait été la rejoindre vers les premiers jours de juillet, la reine de Hollande revint passer à Saint-Cloud la fin de

LA REINE HORTENSE

l'été, puis elle rentra à Paris et alla habiter son hôtel de la rue Cérutti [1].

La reine Hortense était enceinte, et le fils qu'elle devait mettre au monde était le Prince auquel la France entière a décerné la couronne impériale [2].

Pendant son séjour à Cauterèts, la reine Hortense

---

[1] La Restauration lui donna le nom de rue d'Artois, et, depuis 1830, elle porte le nom de rue Laffitte. C'est au n° 17 de cette rue que se trouvait l'hôtel de la reine Hortense. D'après un ordre donné par les Bourbons, en 1815, la famille Bonaparte dut se défaire, dans un délai de six mois, de toutes les propriétés qu'elle possédait en France. La Reine vendit alors à M. Jean Torlonia, duc de Bracciano, pour le prix de 200,000 piastres romaines, la terre de Saint-Leu et l'hôtel de la rue Cérutti. Le 2 juin 1818, M. Torlonia revendit l'hôtel pour 300,000 francs à M. Hagerman, banquier suédois, qui, le 13 octobre 1821, aliéna pour pareille somme la partie du jardin qui longeait la rue Taitbout, et sur laquelle les acquéreurs firent construire trois belles maisons. Plus tard, il loua l'hôtel au ministre du commerce et des manufactures, M. le comte de Saint-Cricq, qui s'y installa avec les bureaux de son administration. Enfin, le 9 avril 1832, ce même hôtel fut acheté à M. Hagerman, moyennant 500,000 francs, par M. Salomon de Rothschild, et il appartient actuellement à son fils, le baron Anselme de Rothschild, qui l'a loué à la compagnie du chemin de fer de Lyon.

[2] C'est le 20 avril 1808 que naquit le prince Charles-Louis-Napoléon, dans l'hôtel dont nous venons de parler. Inscrit sur le registre de famille destiné aux enfants de la dynastie impériale, il fut baptisé dans la chapelle de Fontainebleau, le 10 novembre 1810, par le cardinal Fesch, et tenu sur les fonts baptismaux par l'Empereur et l'impératrice Marie-Louise.

habitait une petite maison qui était située sur la place Saint-Martin. Cette maison a été reconstruite par le fils de l'ancien propriétaire, M. Larrieu, et elle porte aujourd'hui le n° 2.

Le ciel et les rideaux en damas rouge foncé qui ornaient alors le lit de la reine Hortense sont soigneusement enveloppés dans une grosse toile du pays, et M. Larrieu les conserve précieusement.

La reine Hortense faisait tous les jours des excursions lointaines ; elle ne se laissait arrêter ni par la fatigue ni par le danger ; là où elle ne pouvait aller à cheval, elle allait à pied, suivie des guides qu'elle avait pris à son service dès son arrivée à Cauterêts. Deux de ces guides, Pierre et Joseph Domer, existent encore aujourd'hui.

L'un d'eux nous a raconté qu'un jour, en revenant de Saint-Sauveur, où elle était allée par la montagne, au lieu de suivre la route si pittoresque de Pierrefitte à Luz, la Reine fut surprise, à la tombée de la nuit, par un de ces violents orages si fréquents dans les Pyrénées. Elle se vit contrainte de passer la nuit à environ trois kilomètres de Cauterêts, sur la route du col de Rieux, dans une grange qui, depuis, a conservé son nom, ainsi que l'indique une petite table de marbre placée sur le mur qui fait face à la vallée et sur laquelle on a gravé ces mots :

GRANGE DE LA REINE HORTENSE.

Il n'y avait alors dans cette modeste demeure qu'une mauvaise table et quelques chaises défoncées, mais pas la moindre literie. Saturnin Paulotte, le propriétaire de la grange, alla chercher dans une ferme voisine un matelas qu'il plaça sur du foin ; la Reine resta toute la nuit sur ce lit improvisé, et le lendemain matin, lorsqu'elle remercia Paulotte de sa bonne et franche hospitalité, elle lui donnait l'assurance que, jamais, elle n'avait passé une meilleure nuit.

La grange de la reine Hortense est habitée actuellement par Jean Paulotte, fils de l'ancien propriétaire. Ce brave homme ne forme qu'un vœu : celui de posséder un portrait de la Reine, afin de le placer dans la pièce principale de son habitation. Nous avons vivement regretté de ne pouvoir satisfaire immédiatement à ce désir.

Du reste, le souvenir du séjour de la reine Hortense est toujours vivant dans ces pittoresques contrées. Ainsi, en se rendant de Lourdes à Luz, les touristes peuvent remarquer dans la vallée de Baréges, à environ quatre kilomètres de Pierrefitte, sur le joli pont du Gave [1], une petite pyramide sur laquelle on a gravé ces mots :

LA VALLÉE DE BARÉGES

A LA REINE HORTENSE

1807

Un demi-siècle plus tard, le fils de la reine Hortense a, lui aussi, laissé dans ces hautes et belles montagnes d'impérissables souvenirs. En 1859,

---

[1] Le Gave qui passe à cet endroit, prend sa source à la Cascade de Gavarni.

lorsque Napoléon III alla rejoindre à Saint-Sauveur l'impératrice Eugénie, il fit construire dans la partie la plus pittoresque du village une chapelle du style gothique le plus gracieux. L'inscription suivante a été gravée au-dessus du portique, dans l'intérieur de la chapelle :

L'AN 1859, CETTE CHAPELLE A ÉTÉ ÉLEVÉE PAR LA MUNIFICENCE DE L'EMPEREUR NAPOLÉON III.

A l'extrémité du village, l'Empereur a également fait construire à ses frais un pont dont l'utilité n'est surpassée que par la hardiesse de l'exécution. Il est d'une seule arche de quarante mètres, jetée à soixante-dix mètres au-dessus du torrent.

En voyant l'effet de cette œuvre monumentale, dont la construction est due à M. Bruniquel, et où le travail de l'homme semble lutter de grandeur et de hardiesse avec les immenses rochers à pic qui l'environnent, l'Empereur a pu se féliciter d'avoir décidé l'exécution de ce travail grandiose, qui donnera bientôt une route carrossable pour relier la France et l'Espagne à travers les Hautes-Pyrénées.

Au bout de ce pont, auquel les habitants ont donné le nom de *Pont Napoléon*, se trouve une colonne en granit des Pyrénées surmontée d'un aigle aux ailes éployées, et portant cette inscription :

A LEURS MAJESTÉS

L'EMPEREUR NAPOLÉON III

ET L'IMPÉRATRICE EUGÉNIE,

LES HABITANTS DE LUZ-SAINT-SAUVEUR

RECONNAISSANTS

1860.

VII

Le roi Louis, rentré à La Haye, continua d'agir résolûment en faveur des intérêts de sa patrie adoptive. Or, ces intérêts étaient loin d'être les mêmes que ceux de la France. L'Empereur et son frère ne pouvaient donc s'entendre. La prospérité de la Hollande était attachée tout entière à l'activité du commerce maritime qui se trouvait en contradiction complète avec le système du blocus continental, et il devait résulter inévitablement de cet état de choses une résistance sourde et continuelle du gouvernement hollandais contre la domination impériale.

Ce n'est jamais sans dépit que l'on se voit contraint de céder à la force, et telle était la situation du roi Louis. Triste et découragé, il se lassa de son séjour de La Haye, et il se persuada, comme il arrive souvent, qu'un changement de résidence serait pour lui une distraction. Il alla établir sa cour à Utrecht, ville calme et monotone qui offrait peu de ressources contre l'ennui. Le Roi essaya vainement d'occuper son esprit inquiet en multipliant les spectacles, les bals, les concerts. Toutes ces fêtes n'étaient plus animées par la présence de la Reine, par le charme de son esprit vif et enjoué. Tout y paraissait froid, languissant, et le mouvement factice dont le palais était le centre, se trouvant d'ailleurs peu conforme aux tranquilles habitudes des paisibles habitants d'Utrecht, Louis se fatigua promptement d'un genre de vie également dépourvu de l'attrait d'une dissipation élégante et des douceurs de la solitude. Il choisit alors pour sa résidence Amsterdam, la cité la plus riche et la plus commerçante de la Hollande, et la déclara capitale du royaume.

Hortense, de son côté, n'était pas plus heureuse que le Roi. Comment eût-elle pu voir sans chagrin la mésintelligence qui existait entre son mari et l'Empereur? Habituée à vénérer Napoléon comme son père, à admirer en lui un génie dont le succès consacrait toutes les décisions, il était impossible pour elle d'admettre que ses vues politiques fussent erronées. Des discussions irritantes s'étaient élevées à cette occasion entre les deux époux. Moins d'aigreur de la part de l'un, plus d'indulgence de la part de l'autre, eussent prévenu peut-être la désunion complète qui, plus tard, devait éclater. Mais au point où cette désunion était déjà parvenue, il était naturel que la Reine montrât peu d'empressement à retourner en Hollande.

Consolée par la tendresse de sa mère, par l'affection de ses anciennes amies, qu'elle était heureuse de protéger, elle contribua aussi à la nomination de madame Campan comme directrice de la Maison impériale d'Ecouen, et ne tarda pas à faire échanger ce titre de directrice contre celui de surintendante du même établissement, dénomination qui ajoutait beaucoup à l'importance de la position. Le décret de l'Empereur ajoutait : « Une princesse de la famille impériale sera protectrice des Maisons impériales d'éducation. »

Dès le principe, Napoléon avait désigné la reine Hortense pour être princesse protectrice de ces Maisons, et cependant le brevet ne lui en fut conféré qu'à la fin de 1809. Ce fut alors que madame Campan lui écrivit : « D'ici à deux jours, j'irai mettre aux pieds de Votre Majesté mon plus profond respect, avec l'espoir de prêter bientôt entre ses mains augustes et chères le serment dont tous les mots sont profondément gravés dans mon cœur. »

Au commencement de cette année 1809, une inondation submergea plusieurs cantons vers l'embouchure du Rhin et de la Meuse. Aussitôt que le roi Louis apprit cette triste nouvelle, il se rendit immédiatement sur les lieux, et, bravant tous les dangers, il porta des secours partout où le fléau avait étendu ses ravages.

Le 3 mars 1809, l'Empereur disposa, en faveur du prince Napoléon-Louis, devenu prince royal de Hollande depuis la mort de son frère aîné, du grand-duché de Berg, qui précédemment était dans la possession de Murat, appelé au trône de Naples.

Le 29 juillet de la même année, pendant que l'armée hollandaise était en Westphalie, les Anglais firent une descente en Hollande, et s'emparèrent de plusieurs points du territoire. Le Roi, qui se trouvait alors à Aix-la-Chapelle, prit les mesures les plus promptes pour repousser cette invasion, et bientôt les Anglais furent forcés d'évacuer le royaume.

A cette époque si grande et si glorieuse de l'empire, Napoléon songea à réunir à Paris un congrès des souverains, ses alliés. Les rois de Hollande, de Saxe, de Naples et de Wurtemberg se rendirent à cette invitation vers la fin de 1809. C'est alors que l'Empereur menaça son frère de faire occuper la Hollande par ses troupes, s'il s'opposait plus longtemps au système de blocus continental. Louis répondit qu'en acceptant le trône de Hollande, il s'était fait le défenseur des intérêts de ce pays, et que du moment où un soldat français y mettrait le pied, il se considérerait comme ayant cessé de régner.

Décidé à regagner ses États, Louis s'aperçut qu'il était étroitement surveillé et qu'il lui serait difficile d'exécuter son dessein. Il prit alors le parti d'envoyer un de ses écuyers en mission auprès de son ministre de la guerre, avec l'ordre formel de mettre le territoire hollandais en état de défense et d'employer, s'il le fallait, le moyen désespéré des inondations pour empêcher l'occupation d'Amsterdam par les troupes impériales. Malgré toutes les précautions qui avaient été prises, ces dispositions ne purent échapper à la vigilance de l'Empereur, qui s'empressa de réunir à la France le Brabant hollandais, la Zélande et une partie de la Gueldre. Amsterdam et La Haye reçurent des préfets, et une armée française entra en Hollande.

Fidèle à sa parole, Louis, ne voulant pas opposer une résistance inutile et qui eût fait verser en pure perte le sang de ses sujets, songea, dès ce moment, à abdiquer en faveur de son fils, le grand-duc de Berg, prince royal.

VIII

Au moment où Hortense voyait sans crainte comme sans faiblesse les périls qui menaçaient ses intérêts de reine et de mère, une autre douleur bien plus amère, bien plus profonde, vint l'assaillir.

De vagues rumeurs circulaient dans le public. Le mot *divorce*, qui déjà avait été prononcé, prenait de nouveau consistance et s'étayait sur les conférences de Schœnbrunn, où l'Empereur avait conçu l'idée d'une alliance avec la famille régnante d'Autriche.

Il eût été difficile que ces bruits ne parvinssent pas jusqu'à la reine Hortense; mais elle aimait sa mère avec trop de tendresse pour se hâter de lui faire pressentir le malheur qui la menaçait.

Bientôt l'Empereur ne tarda pas à faire connaître sa détermination à Eugène et à Hortense, en les chargeant de préparer l'Impératrice à cette cruelle séparation.

« La reine Hortense, dit M. Thiers [1], devenue reine de Hollande, malheureuse par les sombres défiances de son époux, séparée de lui, était accourue auprès de sa mère pour la consoler, et en la trouvant si désolée, elle finissait presque par désirer pour elle l'explication, quelle qu'elle fût, de ce secret funeste..... »

« ..... L'Empereur affectait d'aller se promener seul sans l'Impératrice ; il passait habituellement

---

[1] *Histoire du Consulat et de l'Empire*, t. XI, p. 323 et 327.

ses soirées chez la princesse Borghèse, la plus animée de ses sœurs contre Joséphine. »

Aussi, la fierté de la reine Hortense était-elle révoltée de la situation humiliée faite à sa mère, devant la cour et la famille de l'Empereur, par cette froideur presque dure qu'affectait Napoléon ; et, plutôt que de la voir plus longtemps souffrir ainsi, elle appelait de tous ses vœux, non plus une explication, mais la séparation qu'elle pressentait et qui devait ruiner l'avenir de ses enfants et celui de son frère.

Dans les mémoires de M. le comte de Bausset [1], préfet du palais, qui fut témoin des scènes douloureuses auxquelles donna lieu le divorce dans l'intérieur de la famille impériale, nous lisons les pages suivantes :

« J'étais de service aux Tuileries depuis le lundi 27 novembre 1809 ; ce jour-là, le mardi et le mercredi qui suivirent, il me fut facile de

[1] Tome Ier, p. 369 et suivantes.

remarquer une grande altération dans les traits de l'Impératrice, et une silencieuse contrainte dans ceux de Napoléon. Si, pendant le diner, il rompait le silence, c'était pour me faire quelques brèves questions dont il n'écoutait pas la réponse. Ces jours-là, le dîner ne durait pas plus de dix minutes. L'orage éclata le jeudi 30. Leurs Majestés se mirent à table; Joséphine portait un grand chapeau blanc noué sous le menton et qui cachait une partie de son visage. Je crus cependant m'apercevoir qu'elle avait versé des larmes et qu'elle les retenait encore avec peine. Elle me présenta l'image de la douleur et du désespoir. Le silence le plus profond régna pendant le dîner; ils ne touchèrent que pour la forme aux mets qui leur furent présentés. Les seuls mots proférés furent ceux que m'adressa Napoléon : « Quel temps fait-il? »

« En les prononçant, il se leva de table. Joséphine le suivit lentement. Le café fut présenté, et Napoléon prit lui-même la tasse que tenait un page de service, en faisant signe qu'il voulait être seul.

« Je sortis bien vite, mais inquiet, tourmenté, et livré à mes tristes pensées. Je m'assis dans le salon de service (qui d'ordinaire servait de salle à manger pour Leurs Majestés) sur un fauteuil placé à côté de la porte du salon de l'Empereur. J'observais machinalement les employés qui enlevaient les objets qui avaient servi au dîner, lorsque, tout à coup, j'entendis partir du salon de l'Empereur des cris violents poussés par l'impératrice Joséphine. L'huissier de service, pensant qu'elle se trouvait mal, fut au moment d'ouvrir la porte. Je l'en empêchai, en lui faisant observer que l'Empereur appellerait s'il le jugeait convenable. J'étais debout, près de la porte, lorsque Napoléon l'ouvrit lui-même, et, m'apercevant, me dit vivement : « Entrez, Bausset, et fermez la porte. » J'entrai dans le salon, et j'aperçus l'Impératrice étendue sur le tapis, poussant des plaintes et des cris déchirants. « Non, je n'y survivrai pas ! » disait Joséphine.

« Napoléon me dit : — « Êtes-vous assez fort pour enlever Joséphine et la porter chez elle par l'escalier intérieur qui communique à son appartement, afin de lui faire donner les soins et les secours que son état exige? »

« J'obéis, et je soulevai cette princesse, que je croyais en proie à une attaque de nerfs. Avec l'aide de Napoléon, je l'enlevai dans mes bras, et, lui-même, prenant un flambeau sur la table, m'éclaira et ouvrit la porte du salon qui, par un couloir obscur, conduisait au petit escalier dont il m'avait parlé. Parvenu à la première marche de cet escalier, je fis observer à Napoléon qu'il était trop étroit pour qu'il me fût possible de descendre sans danger de tomber. Il appela aussitôt le gardien du portefeuille, qui, jour et nuit, était placé à l'une des portes de son cabinet ayant son entrée sur le palier de ce petit escalier. Napoléon lui remit ce flambeau, dont nous avions peu besoin, puisque ces passages étaient déjà éclairés. Il ordonna à ce gardien de passer devant, prit lui-même les deux jambes de l'Impératrice, pour m'aider à descendre avec plus de ménagement, puis nous descendîmes sans accident et nous déposâmes ce précieux fardeau sur une ottomane, dans la chambre à coucher. L'Empereur se porta sur-le-champ aux cordons des sonnettes, et fit venir les femmes de l'Impératrice. . . . .

« Pendant toute cette scène, je n'avais été occupé que de Joséphine, dont l'état m'affligeait. Je n'avais pu observer Napoléon ; mais lorsque les femmes de l'Impératrice furent arrivées auprès d'elle, Napoléon passa dans un petit salon qui précédait la chambre à coucher. Je le suivis. Son agitation, son inquiétude étaient extrêmes. Dans le trouble qu'il éprouvait, il m'apprit la cause de tout ce qui venait de se passer, et me dit ces mots :

« —L'intérêt de la France et de ma dynastie a fait violence à mon cœur..... Le divorce est devenu un devoir rigoureux pour moi..... Je suis d'autant plus effrayé de la scène que vient de faire Joséphine, que depuis trois jours elle a dû savoir par Hortense la malheureuse obligation qui me condamne à me séparer d'elle..... Je la plains de toute mon âme ; je lui croyais plus de caractère, et je n'étais pas préparé aux éclats de sa douleur. . . . . »

« En effet, l'émotion qu'il éprouvait le forçait à mettre un long intervalle entre chaque phrase qu'il prononçait; les mots s'échappaient avec peine et sans suite de sa bouche; sa voix était émue, oppressée, et des larmes mouillaient ses yeux. Il fallait réellement qu'il fût hors de lui pour me donner tant de détails, à moi, placé si loin de ses conseils et de sa confiance. Toute cette scène ne dura pas plus de sept à huit minutes.

« Napoléon envoya ensuite chercher Corvisart, la reine Hortense, Cambacérès, Fouché, et, avant de rentrer dans son appartement, il fut s'assurer lui-même de l'état de Joséphine, qu'il trouva plus calme et plus résignée. »

Quand les premiers transports de sa douleur furent calmés, l'impératrice Joséphine envisagea son sacrifice avec une force de caractère qu'on n'aurait pas soupçonnée en elle : elle se résigna à un malheur sans remède. Dès ce moment, elle ne parut plus à la cour ; elle fut cependant obligée de quitter la retraite qu'elle s'était imposée pour assister, dans une tribune, au *Te Deum* qui fut chanté à Notre-Dame pour la paix de Vienne, et d'accompagner l'Empereur à l'Hôtel-de-Ville, à la fête que la municipalité donna à cette occasion; mais à l'exception de ces deux circonstances, elle passa, retirée dans son appartement, les quinze jours qui s'écoulèrent entre le moment où la cruelle révélation lui avait été faite et le jour où le divorce fut prononcé.

M. de Méneval, secrétaire du portefeuille de l'Empereur, témoin des faits qui se sont passés alors, s'exprime ainsi : « Quelque pénibles que ces quinze jours dussent être pour tous deux [1], ils parurent néanmoins bien courts à Joséphine, qui ne pouvait s'accoutumer à l'idée de perdre son rang d'Impératrice régnante, et surtout de se séparer de l'Empereur qu'elle aimait véritablement.

« L'Empereur adoucit les derniers moments de

---

[1] *Souvenirs historiques* de M. le baron de Méneval, t. 1er, p. 227 et suivantes.

LA REINE HORTENSE

leur union par les égards et les prévenances les plus affectueuses. Il s'occupa de son avenir, lui donna des conseils et alla au-devant de tous ses désirs. Joséphine avait en elle un attrait irrésistible; elle n'était pas régulièrement belle, mais elle avait la grâce, plus belle encore que la beauté, selon notre bon la Fontaine. Elle avait le mol abandon, les mouvements souples, élégants, et la gracieuse négligence des créoles. Son humeur était toujours égale; elle était douce et bonne, affable et indulgente avec tout le monde, sans acception de personnes. Elle n'avait ni un esprit supérieur ni beaucoup d'instruction, mais son exquise politesse, son grand usage du monde et de la cour, lui faisaient toujours trouver à propos ce qu'il y avait de mieux à faire ou à dire.

« L'Empereur l'avait beaucoup aimée, et il conservait pour elle un sentiment d'affection qu'avaient fortifié l'habitude et ses touchantes qualités; on eût dit qu'elle était née pour le rôle que lui avait imposé l'élévation du rang où elle était montée avec lui. Associée à sa fortune, elle l'avait secondé par l'ascendant de sa douceur et de sa bonté. Elle avait épousé sa gloire autant que sa personne. Quoique entièrement étrangère à la politique et aux affaires du gouvernement, elle avait concilié à Napoléon, autant qu'il était en son pouvoir, la faveur des partis. Elle aimait le luxe et la dépense plus peut-être que n'aurait dû le permettre son humeur bienfaisante; car elle était souvent, à cause de cela, dans l'impuissance de la satisfaire, bien que dans plusieurs circonstances Napoléon eût généreusement réparé les suites de sa trop grande facilité. Elle mettait dans sa manière d'obliger ou de reconnaître un service un charme et une délicatesse qui lui gagnaient les cœurs. Elle montra dans son malheur une résignation qui ne se démentit pas. Ce qui aggravait le poids de sa peine, c'était l'inflexible nécessité de se séparer de l'Empereur; mais elle ne fut jamais négligée par lui. »

Le prince Eugène et la reine Hortense firent preuve, en cette circonstance, d'une noblesse de sentiments et d'une dignité qui les honorent; ils furent parfaits de dévouement; ils soutinrent le courage de leur mère, et surent allier avec la tendresse qu'ils lui portaient ce qu'ils devaient à leur père adoptif. La reine Hortense avait été mandée aux Tuileries : elle y arriva au moment où l'Empereur venait de reconduire, ou plutôt d'aider à transporter Joséphine chez elle. En l'accompagnant jusqu'à la porte de l'appartement de sa mère, l'Empereur lui disait : « Allons, ma fille, du courage ! » — « Oh ! Sire, j'en ai, » répétait-elle ; et ces mots avaient peine à se faire passage à travers ses pleurs et ses sanglots.

Parti de Milan le 1ᵉʳ décembre 1809, le prince Eugène était arrivé à Paris le 7 au matin. « Il descendit à l'hôtel Marbeuf, qui appartenait au roi Joseph [1]. Il se rendit sur-le-champ auprès de Napoléon, puis chez l'Impératrice, avec laquelle son entrevue fut des plus douloureuses. Le Prince,

[1] *Mémoires et correspondance politique et militaire du prince Eugène*, par A. Du Casse, t. VI, p. 288 et suivantes.

comprenant tout ce que cette séparation avait de pénible, et cependant combien il importait pour la tranquillité future, et même pour la santé de sa mère, d'abréger autant que possible les choses, résolut de demander à Napoléon pour Joséphine une entrevue dans laquelle les deux époux auraient en sa présence une explication loyale et catégorique.

« L'Empereur y consentit. Le soir même, l'entrevue eut lieu. Napoléon présenta le divorce comme une nécessité politique, indispensable à la stabilité et même à la tranquillité de l'Empire. Joséphine répondit que, puisqu'il y allait du bonheur de la France, cette considération devant l'emporter sur toute autre, elle était prête à se sacrifier pour son pays. Puis, les yeux remplis de larmes, elle s'écria : « Une fois séparés, mes enfants seront oubliés. Faites Eugène roi d'Italie, ma tendresse maternelle sera tranquille et votre politique sera applaudie, j'ose le dire, par toutes les puissances étrangères. »

« Le Prince vice-roi, en entendant cette espèce

de prière adressée par sa mère à l'Empereur, prit la parole avec vivacité pour demander qu'il ne fût pas question de lui dans toute cette affaire. « Votre fils, ajouta-t-il, ne voudrait pas d'une couronne qui serait le prix de votre séparation. Si vous souscrivez aux volontés de l'Empereur, c'est à vous seule qu'il doit penser. » Napoléon dit alors : « Je reconnais le cœur d'Eugène ; il a raison de s'en rapporter à ma tendresse. »

Le 15 décembre 1809 avait été le jour fixé par l'Empereur pour l'accomplissement du sacrifice imposé à Joséphine au nom de la France. A neuf heures du soir, le prince archichancelier Cambacérès, conformément aux instructions contenues dans la lettre close qu'il avait reçue le matin même, se rendit aux Tuileries accompagné du comte Regnaud de Saint-Jean-d'Angély, ministre d'État et de la famille impériale, afin d'y exercer les fonctions qui lui étaient attribuées par le titre II, art. 14, du Statut de famille. Ils furent introduits tous les deux dans le grand cabinet de l'Empereur, où se trouvaient déjà Napoléon, Joséphine, le roi Louis, le roi Jérôme, le roi Murat, les reines d'Espagne, de Hollande, de Westphalie, Madame-Mère, la princesse Pauline et le prince Eugène.

L'Empereur, adressant la parole à Cambacérès, lui dit :

« Mon cousin le prince archichancelier, je vous ai expédié une lettre close, en date de ce jour, pour vous ordonner de vous rendre dans mon cabinet, afin de vous faire connaître la résolution que moi et l'Impératrice, ma très-chère épouse, nous avons prise. J'ai été bien aise que les rois, reines, princesses, mes frères, sœurs, beaux-frères, et belles-sœurs, ma belle-fille et mon beau-fils, devenu mon fils adoptif, ainsi que ma mère, fussent présents à ce que j'avais à vous faire connaître.

« La politique de ma monarchie, l'intérêt et le besoin de mes peuples, qui ont constamment guidé toutes mes actions, veulent qu'après moi je laisse à des enfants, héritiers de mon amour pour mes peuples, ce trône où la Providence m'a placé.

« Cependant, depuis plusieurs années, j'ai perdu l'espérance d'avoir des enfants de mon mariage avec ma bien-aimée épouse l'impératrice Joséphine ; c'est ce qui me porte à sacrifier les plus douces affections de mon cœur, à n'écouter que le bien de l'État, et à vouloir la dissolution de notre mariage. Parvenu à l'âge de quarante ans, je puis concevoir l'espérance de vivre assez pour élever dans mon esprit et dans mes pensées les enfants qu'il plaira à la Providence de me donner. Dieu sait combien une pareille résolution a coûté à mon cœur ; mais il n'est aucun sacrifice qui soit au-dessus de mon courage lorsqu'il m'est démontré qu'il est utile au bien de la France.

« J'ai le besoin d'ajouter que loin d'avoir jamais eu à me plaindre, je n'ai eu, au contraire, qu'à me louer de l'attachement et de la tendresse de mon épouse bien-aimée. Elle a embelli quinze ans de ma vie. Le souvenir en restera gravé dans mon cœur. Elle a été couronnée de ma main, je veux qu'elle conserve le rang et le titre d'impératrice ; mais surtout qu'elle ne doute jamais de mes sentiments et qu'elle me tienne toujours pour son meilleur ami. »

Après avoir prononcé ces paroles, Napoléon s'arrêta, les larmes aux yeux et en proie à un trouble extrême.

Joséphine se leva à son tour ; la présence de ses enfants lui avait rendu un peu de courage. Cherchant à dominer l'émotion profonde qui faisait palpiter son cœur, elle commença à lire la déclaration suivante, qui lui avait été remise :

« Avec la permission de mon auguste et cher époux, dit-elle, je dois déclarer que ne conservant aucun espoir d'avoir des enfants qui puissent satisfaire les besoins de la politique et l'intérêt de la France, je me plais à lui donner la plus grande preuve d'attachement et de dévouement qui ait jamais été donnée sur la terre... »

Mais à peine avait-elle prononcé ces mots, que les sanglots qu'elle comprimait depuis le commencement firent taire sa voix. « Elle voulut en vain continuer, lisons-nous dans l'*Histoire de l'impé-*

ratrice Joséphine, par M. Aubenas[1], et tendit le papier au comte Regnaud de Saint-Jean-d'Angély, qui en acheva la lecture avec tous les signes d'une vive émotion.

« Je tiens tout de ses bontés ; c'est sa main qui m'a couronnée, et du haut de ce trône, je n'ai reçu que des témoignages d'affection et d'amour du peuple français. Je crois reconnaître tous ces sentiments en consentant à la dissolution d'un mariage qui, désormais, est un obstacle au bien de la France, qui la prive du bonheur d'être, un jour, gouvernée par les descendants d'un grand homme, si évidemment suscité par la Providence pour effacer les maux d'une terrible révolution, et rétablir l'autel, le trône et l'ordre social.

« Mais la dissolution de mon mariage ne changera rien aux sentiments de mon cœur. L'Empereur aura toujours en moi sa meilleure amie. Je sais combien cet acte, commandé par la politique et

[1] Tome II, p. 469 et 470.

par de si grands intérêts, a froissé son cœur; mais, l'un et l'autre, nous sommes glorieux du sacrifice que nous faisons au bien de la patrie. »

Après ces mutuelles paroles, les plus belles, remarque avec raison M. Thiers, qui aient été prononcées en pareille circonstance, l'archichancelier dressa le procès-verbal de cette double déclaration, et Napoléon, embrassant Joséphine, la conduisit chez elle, et la laissa presque évanouie dans les bras de ses enfants.

M. Méneval ajoute : « L'Empereur rentra dans son cabinet, triste et silencieux; il se laissa tomber sur la causeuse où il s'asseyait habituellement, dans un état d'abattement complet. Il y resta quelques moments la tête appuyée sur ses mains, et quand il se leva, sa figure était bouleversée. »

Le samedi 16 décembre, le Sénat se réunit à onze heures du matin. Le prince Eugène était présent, et après avoir prêté serment entre les mains de l'archichancelier, il s'exprima ainsi :

« Depuis que les bontés de l'Empereur et Roi

m'ont appelé à compter parmi vous, des témoignages de sa confiance m'ont continuellement éloigné de Paris, et c'est pour la première fois aujourd'hui que j'ai le bonheur de paraître dans votre sein. Je suis heureux de pouvoir vous dire qu'au milieu des bienfaits dont Sa Majesté n'a cessé de me combler, j'ai été particulièrement sensible à l'honneur qui m'était accordé de faire partie du premier corps de l'Empire. »

Après la prestation de serment du Vice-Roi, le président du Sénat annonça le projet de divorce de l'Empereur, qui allait être soumis à l'assemblée. « La noble et touchante adhésion de l'Impératrice, dit en terminant l'archichancelier, est un témoignage glorieux de son affection désintéressée pour l'Empereur, et lui assure des droits à la reconnaissance de la nation. »

Dès que le comte Regnaud de Saint-Jean-d'Angély eut donné connaissance au Sénat du projet de sénatus-consulte portant dissolution du mariage contracté entre l'Empereur et l'Impératrice

Joséphine, le prince Eugène prononça le discours suivant :

« Messieurs les Sénateurs, vous venez d'entendre la lecture du projet de sénatus-consulte soumis à votre délibération. Je crois devoir, dans cette circonstance, manifester les sentiments dont ma famille est animée.

« Ma mère, ma sœur et moi, nous devons tout à l'Empereur. Il a été pour nous un véritable père; il trouvera en nous, dans tous les temps, des enfants dévoués et des sujets soumis.

« Il importe au bonheur de la France que le fondateur de cette quatrième dynastie vieillisse environné d'une descendance directe qui soit notre garantie à tous, comme le gage de la gloire de la patrie.

« Lorsque ma mère fut couronnée par toute la nation par les mains de son auguste époux, elle contracta l'obligation de sacrifier toutes ses affections aux intérêts de la France ; elle a rempli avec courage, noblesse et dignité ce premier des devoirs.

Son âme a été souvent attendrie en voyant en butte à de pénibles combats le cœur d'un homme accoutumé à maîtriser la fortune et à marcher toujours d'un pas ferme à l'accomplissement de ses grands desseins. Les larmes qu'a coûtées cette résolution à l'Empereur suffisent à la gloire de ma mère. Dans la situation où elle va se trouver, elle ne sera pas étrangère, par ses vœux et par ses sentiments, aux nouvelles prospérités qui nous attendent, et ce sera avec une satisfaction mêlée d'orgueil qu'elle verra tout ce que ses sacrifices auront produit d'heureux pour sa patrie et pour son Empereur. »

Le projet, renvoyé à une commission spéciale, fut adopté dans la séance et converti en un sénatus-consulte dont voici la teneur :

« Article premier. Le mariage contracté entre l'empereur Napoléon et l'impératrice Joséphine est dissous.

« Art. 2. L'impératrice Joséphine conservera les titre et rang d'Impératrice-Reine couronnée.

« Art. 3. Son douaire est fixé à une rente annuelle de 2,000,000 de francs sur le trésor de l'État.

« Art. 4. Toutes les dispositions qui pourront être faites par l'Empereur en faveur de l'impératrice Joséphine, sur les fonds de la Liste civile, seront obligatoires pour ses successeurs.

« Art. 5. Le présent sénatus-consulte sera transmis, par un Message, à S. M. l'Impératrice-Reine. »

Le jour même de cette séance, le prince Eugène recevait cette lettre touchante de la Vice-Reine :

« Je suis résignée à tout et me soumets à la volonté de Dieu, lui écrivait-elle. Ta grandeur d'âme pourra étonner beaucoup de monde, mais pas ta femme qui t'en aime, s'il est possible, encore davantage. Je te prouverai, mon cher Eugène, que je n'ai pas moins de courage et de force d'âme que toi, quoique j'étais éloignée de m'attendre à des événements aussi tristes, surtout dans ce moment-ci. Tes petites se portent bien ; Dieu sait quel avenir les attend !

« Adieu, le meilleur des époux ; sois persuadé que mon unique désir est de faire ce que tu peux souhaiter, et de te donner des preuves de ma tendresse, qui ne finira qu'avec la vie de ta fidèle épouse. »

Il avait été décidé à l'avance que, le lendemain de la lecture de l'acte de séparation, Leurs Majestés quitteraient Paris : l'Empereur pour se rendre à Trianon, et l'Impératrice à la Malmaison.

Quant on vint avertir l'Empereur que les voitures étaient prêtes, il se rendit chez l'Impératrice. Joséphine était seule chez elle, et livrée aux plus douloureuses réflexions. A la vue de Napoléon, elle se jeta en sanglotant à ses genoux. L'Empereur la releva et la serra contre sa poitrine, en l'embrassant avec effusion à plusieurs reprises.

Dans l'excès de son émotion, Joséphine s'était évanouie. L'Empereur voulant éviter les crises regrettables d'une affliction qu'il n'était plus en son pouvoir de calmer, déposa Joséphine dans les bras du baron de Méneval, qui l'avait accompagné, et se retira rapidement par les salons du rez-de-chaussée, à la porte desquels sa voiture l'attendait.

Revenue à elle, l'Impératrice s'aperçut aussitôt de la disparition de l'Empereur. Ses plaintes et ses sanglots redoublèrent. Ses femmes, qui étaient entrées, lui donnèrent les soins les plus dévoués. Dans son trouble, elle avait pris les mains de M. de Méneval en lui recommandant de dire à l'Empereur de ne pas l'oublier et de l'assurer d'un attachement qui survivrait à tout événement.

Dans cette cruelle matinée, plusieurs dames de la cour se présentèrent pour voir l'Impératrice, mais elle n'en put recevoir qu'un très-petit nombre.

La reine Hortense et le prince Eugène ne quittaient pas leur mère et lui prodiguaient toutes les consolations imaginables. Enfin l'heure du départ venait de sonner pour l'Impératrice. Le moment fatal était arrivé : Joséphine sortit des Tuileries pour n'y jamais rentrer.

« La première journée, et surtout la première nuit à la Malmaison, furent extrêmement pénibles, dit mademoiselle Avrillon dans ses Mémoires [1]. L'Impératrice était plongée dans une profonde affliction; mais Sa Majesté ne fut pas malade. Je restai près d'elle une grande partie de la nuit; il lui fut impossible de dormir, et le temps s'écoula en conversation. Sans doute une grande douleur était au fond de son âme; sans doute elle déplorait son sort, mais dans les termes les plus doux et d'une façon résignée. Elle parlait de l'Empereur avec le même respect, avec la même affection que par le passé.

« L'Impératrice souffrit; elle souffrit beaucoup. Elle souffrit comme femme et comme mère, elle souffrit dans sa vanité blessée; mais elle supporta son malheur avec courage, et ne changea rien à ses habitudes. »

N'était-elle pas, en effet, à la Malmaison, dans un lieu qu'elle avait créé? Tout n'y était-il pas plein du souvenir dont elle se plaisait à nourrir sa vie nouvelle? Pendant les premiers moments, l'impératrice Joséphine fut pour ainsi dire étourdie de sa

[1] Tome II, p. 165.

chute; encore ne fallait-il pas attribuer sa douleur à la perte de la place qu'elle occupait sur le trône, mais au regret qu'elle éprouvait d'être séparée de l'Empereur, qu'elle aimait beaucoup.

Il est rare qu'un sacrifice, quelque grand qu'il soit, puisse être apprécié à toute sa valeur par celui à qui on le fait. L'Empereur comprit-il bien toute l'étendue de celui d'Hortense et d'Eugène, lorsque, s'arrachant des bras de leur mère abîmée dans la douleur, il leur fallut aller, quelque temps après, figurer au milieu des solennités d'un nouveau mariage, voir une étrangère à la place que leur mère avait occupée, et accepter, malgré l'élévation de leur propre rang, les conditions d'une distance marquée par l'étiquette, distance qui, jusqu'alors, avait été si complétement effacée dans les rapports tendres et intimes d'une mère avec ses enfants?

Le prince Eugène se fit remarquer, dans toutes les cérémonies où il fut obligé de paraître, par la dignité de son maintien. Sa figure douce, et ordinairement souriante, était sérieuse. Les peines de son cœur s'y montraient un peu, mais contenues par le courage, par le devoir et par les exigences politiques : il était homme enfin. Sa sœur ne put obtenir d'elle-même un aussi pénible effort : elle était femme. Quatre reines portaient le manteau impérial de Marie-Louise allant à l'autel nuptial. La reine Hortense était du nombre. Elle laissait échapper quelques larmes en suivant la nouvelle épouse de Napoléon, et, en entendant l'Empereur prononcer le *Oui* fatal qui le séparait à jamais de sa mère, elle fut brisée par la douleur.

IX

Si des griefs réciproques et sans cesse renaissants n'eussent élevé entre le roi et la reine de Hollande une barrière presque infranchissable, le divorce de Napoléon eût semblé devoir amener un rapprochement entre eux, car le roi Louis conservait pour l'impératrice Joséphine une véritable affection. Son cœur avait souffert en la voyant descendre du trône, et il mêlait des regrets sincères à la douleur filiale d'Hortense. Mais l'esprit défiant du roi, son extrême susceptibilité, son état de maladie presque continuel, ses soucis de la royauté, le faisaient tenir à l'écart, et entassaient pour ainsi dire des montagnes entre les deux époux.

A son dernier voyage à Paris, Louis, au lieu d'aller, en arrivant, s'installer dans son hôtel, habité par la reine Hortense, crut devoir descendre chez Madame-Mère. Pendant son séjour dans la capitale, il ne vit la Reine qu'en public, ou lorsque l'étiquette l'exigeait impérieusement. Cependant, lorsque ses États furent menacés par l'invasion des troupes impériales, il exprima le désir de la voir revenir en Hollande en même temps que lui.

L'affection que les Hollandais manifestaient hautement pour leur souveraine, son affabilité, sa douceur, le charme de son esprit pouvaient contribuer à rassurer ce bon peuple, à lui rendre la confiance, à le grouper autour de son roi pour le défendre jusqu'au dernier moment contre une injuste agression..

Louis était malheureux, menacé de perdre la

royauté; c'en était assez pour que la Reine consentît à l'accompagner à Amsterdam. Mais, cette fois encore, une épreuve d'une courte durée suffit pour la convaincre qu'elle n'avait plus de bonheur à espérer auprès de son mari, et qu'elle ne devait attendre désormais de l'avenir que des larmes, que d'inutiles regrets. En effet, le Roi ne lui donnait, même en public, que des marques d'indifférence et de froideur. Le cœur et la fierté d'Hortense durent être également blessés. Elle comprit dès-lors que c'était seulement auprès de sa mère qu'elle pourrait encore recevoir et donner des consolations. Elle ne voulut pas cependant demander à Louis une permission de s'absenter, que des considérations politiques l'eussent peut-être porté à lui refuser. Mais comme le mauvais état de sa santé lui offrait le prétexte tout naturel d'avoir recours à un changement d'air, elle alla passer quelques jours au château royal de Loo, d'où elle partit sous le voile de l'incognito pour aller rejoindre en France l'impératrice Joséphine.

LA REINE HORTENSE

Les charmes de l'intimité, la culture des arts avaient pris, à la Malmaison, la place de l'étiquette de la cour impériale. La reine Hortense s'y livrait à son goût, devenu alors un véritable talent, pour la composition. Les chants les plus aimés de l'impératrice Joséphine étaient ceux de sa fille ; ils obtenaient aussi, dans toute la France, des succès où le rang n'était pour rien. Un cercle d'amis véritables remplaçait le vide qu'avaient laissé certains courtisans autour de l'Impératrice, et si elle était moins encensée, elle était plus aimée. Sa fille ne la quittait guère que lorsqu'elle était forcée de paraître à la cour de l'Empereur.

Au milieu de tous les devoirs que lui imposait son rang, la reine Hortense savait trouver le temps d'écrire à toutes ses amies. Sa correspondance avec madame Campan n'avait jamais été interrompue, et son ancienne institutrice, qui lui était toujours aussi tendrement dévouée, lui adressa alors la lettre suivante, en cherchant à la fortifier contre l'amertume des chagrins dont son cœur était rempli :

« Voilà Votre Majesté près d'un puissant protecteur qui connaît vos malheurs, vos vertus, et qui sera votre constant appui. Remettez cette chère santé, à laquelle tient le bonheur de beaucoup d'amis sincères. Faites-vous vivre, et la renommée finira par faire connaître à fond les peines qui déchiraient votre âme et empêchaient en même temps le monde de rendre toute la justice due à la pureté de sentiments et de conduite qui distinguent Votre Majesté. J'ai osé le lui dire plusieurs fois. Vivez, Madame, et pour vous et pour nous. Après une réputation brillante, mais due à l'enthousiasme d'un moment ou bien usurpée, il faut mourir pour la conserver. Après une conduite pure, mais pas assez connue des peuples, il faut vivre : c'est le seul moyen de mettre la vérité en évidence. Louis XV, mort de la maladie qu'il fit à Metz, en 1744, eût été placé par les Français à la suite des grands rois ; il a vécu trente ans de trop pour sa gloire. J'aime beaucoup ce que l'on fait dire à je ne sais plus quelle reine dans une tragédie moderne. Elle com-

LA REINE HORTENSE

paraît, injustement accusée, devant un tribunal, et dit, après que de lâches calomniateurs ont déposé contre elle :

Ma vie est un témoin qu'il faut entendre aussi.

« Oui, la vie est un témoin beaucoup moins récusable que tous ceux qui peuvent parler pour ou contre. Vivez donc, Madame, vivez, ma chère et bien-aimée Hortense (pardonnez-moi cette expression, qui ne nuit en rien au respect que j'ai pour la majesté et qui l'unit aux plus tendres sentiments), vivez pour être estimée de tous et adorée de ceux qui vous connaissent.

« Nos enfants vous chérissent comme une mère et vous désirent bien à Écouen. »

Il est facile de comprendre, d'après les termes de cette lettre, que les traits de la calomnie n'avaient point épargné la reine Hortense. Jamais l'Empereur n'y ajouta foi ; cependant, il n'avait pas approuvé la précipitation que la Reine avait mise à quitter, en dernier lieu, la Hollande, et il exprime ainsi son opinion dans le *Mémorial de Sainte-Hélène* :

« Hortense, si bonne, si généreuse, si dévouée, n'est pas sans avoir eu quelques torts envers son mari ; j'en dois convenir en dehors de toute l'affection que je lui porte et du véritable attachement qu'elle a pour moi. Quelque bizarre, quelque insupportable que fût Louis, il l'aimait ; et, en pareil cas, avec d'aussi grands intérêts, toute femme doit toujours être maîtresse de se vaincre et avoir l'adresse d'aimer à son tour. Si elle eût su se contraindre, elle se serait épargné le chagrin de ses derniers procès ; elle eût eu une vie plus heureuse; elle eût suivi son mari en Hollande ; Louis n'eût point fui Amsterdam ; je ne me serais pas vu contraint de réunir son royaume à l'Empire français, ce qui a contribué à me perdre en Europe, et bien des choses se seraient passées différemment. »

Malgré l'influence incontestable que des causes, comparativement petites, peuvent avoir sur les plus grands événements, il est permis de mettre en doute que les dissentiments qui s'élevèrent successivement entre le roi et la reine de Hollande aient réellement déterminé la réunion de leurs États à l'Empire. En supposant que l'union la plus parfaite eût régné entre eux, Napoléon n'eût pas été moins irrité de la résistance que son frère lui opposa constamment lorsqu'il voulut l'obliger à fermer rigoureusement ses ports à l'Angleterre, et la conséquence de cette résistance eût été, dans un cas comme dans l'autre, l'incorporation de la Hollande à la France.

Aujourd'hui que cette grande figure de Napoléon Ier plane sur le monde entier, dans l'auréole de gloire dont elle est éclairée, il faut reconnaître qu'au-dessous de ce cercle immense et lumineux, il y a bien quelques ombres que l'histoire véridique n'a pas fait disparaître.

Or, la conduite de Louis comme roi fut logique et courageuse lorsqu'il résista ; elle fut grande et noble lorsqu'il abdiqua.

Les autorités militaires françaises avaient envahi

toute la Hollande. Un instant le Roi eut la pensée de défendre Amsterdam, sa capitale; mais, faisant à ce pays qui lui avait donné tant de gages d'affection, le sacrifice de sa personne, il descendit du trône où il était monté, en abdiquant la couronne en faveur de son fils ainé.

Voici les termes de son acte d'abdication, daté de Harlem, le 1ᵉʳ juillet 1810 :

« Considérant que la malheureuse situation du royaume résulte de l'indisposition de l'Empereur, mon frère, contre moi ; considérant que tous mes efforts et sacrifices possibles ont été inutiles pour faire cesser cet état de choses ; considérant enfin qu'il est indubitable que la cause est dans le malheur que j'ai eu de déplaire et d'avoir perdu l'amitié de mon frère, et qu'en conséquence je suis le véritable obstacle à la fin de toutes ces discussions et mésintelligences continuelles, nous avons résolu, comme nous résolvons par le présent acte patent et solennel, émané de notre volonté, d'abdiquer comme nous abdiquons en cet instant le rang et la dignité royale de ce royaume de Hollande en faveur de notre bien-aimé fils, Napoléon-Louis, et, à son défaut, en faveur de son frère Charles-Louis-Napoléon. Nous voulons, en outre, que, conformément à la Constitution, sous la garantie de S. M. l'Empereur notre frère, la régence demeure à S. M. la Reine, assistée d'un conseil de régence qui sera composé provisoirement de nos ministres, auxquels nous confions la garde du Roi mineur, jusqu'à l'arrivée de S. M. la Reine. »

Cet acte était accompagné d'une proclamation aux Hollandais qui, après avoir résumé l'acte d'abdication, se termine ainsi :

« Je n'oublierai jamais un peuple bon et vertueux comme vous ; ma dernière pensée, comme mon dernier soupir, seront pour votre bonheur. En vous quittant, je ne saurais trop vous recommander de bien accueillir les soldats français ; c'est le meilleur moyen de plaire à S. M. l'Empereur, de qui votre sort, celui de vos enfants, de votre pays, dépend entièrement.

« A présent que la malveillance et la calomnie ne pourront plus m'atteindre, du moins pour ce qui me regarde, j'ai le juste espoir que vous recevrez enfin la récompense de tous vos sacrifices et de votre courageuse persévérance et résignation. »

Le roi Louis adressa aussi un message aux diverses cours de l'Europe, pour leur faire connaître les motifs et les conditions de son abdication ; et, après avoir remis au trésor de l'État le montant de sa liste civile, il quitta Harlem le 2 juillet 1810.

« La reine Hortense n'eut pas le temps d'arriver en Hollande pour prendre le gouvernement au nom de son fils [1] ; car, six jours après l'abdication, Napoléon l'en déposséda par un décret portant réunion définitive de la Hollande à la France, dont elle fit partie intégrante jusqu'à la Restauration. Le 20 du même mois, l'Empereur adressa au prince royal de Hollande ces paroles remarquables, qui renferment tout le secret de sa conduite à l'égard du roi Louis :

[1] *Revue de l'Empire*, 3e année (1844), p. 182 et 183.

« La conduite de votre père afflige mon cœur ; sa maladie seule peut l'expliquer. Quand vous serez grand, vous payerez sa dette et la vôtre. N'oubliez jamais, dans quelque position que vous placent ma politique et l'intérêt de mon empire, que vos premiers devoirs sont envers moi, vos seconds envers la France ; tous vos autres devoirs, même ceux envers les peuples que je pourrais vous confier, ne viennent qu'après. »

Le roi Louis se retira à Gratz, en Styrie, sous le nom de comte de Saint-Leu. Il resta éloigné de la France jusqu'aux jours difficiles de 1813 ; alors le devoir, l'affection et le patriotisme le ramenèrent auprès de son frère. Après avoir vainement essayé de le faire rentrer en France, l'Empereur lui fit accorder, par un sénatus-consulte, un apanage en dédommagement de la couronne de Hollande ; mais Louis, qui fut toujours exempt de toute espèce d'ambition, le refusa pour lui et ses enfants, déclarant « que, depuis qu'il avait été placé sur le trône malgré lui, il avait lié ses destinées à celles de la

Hollande, et que lui ayant engagé ses sentiments et ses devoirs, il ne pouvait rien accepter qui tendît à faire croire qu'il avait trahi sa cause. » Il défendit également à la Reine d'accepter aucun apanage, et lui céda pour son entretien tout ce qu'il possédait en France et en Hollande.

X

Cet immense changement de fortune n'ébranla en rien le courage et la résignation de la reine Hortense. Toute perspective d'une vie intérieure, heureuse et paisible, telle qu'elle l'eût trouvée dans une union suivant son cœur, s'était depuis longtemps évanouie devant elle, et l'exemple de sa mère chérie l'avait fait réfléchir profondément sur l'instabilité des choses humaines.

Aussi s'attacha-t-elle à concentrer toutes ses

idées de bonheur dans sa vive affection pour sa mère, dans sa tendresse passionnée pour ses deux fils, dans son dévouement pour tous ses amis.

Sa vie s'écoulait calme et douce à la surface, entre sa mère et ses enfants.

Les réunions de la Malmaison, où l'impératrice Joséphine et la reine Hortense faisaient avec tant de grâce un accueil sympathique à tous ceux qui leur avaient gardé leur fidèle amitié, ces réunions-là, disons-nous, étaient pleines de charmes; elles avaient un caractère d'esprit facile et aimable, et cependant, de noble et digne familiarité.

« L'impératrice Joséphine, lorsque l'Empereur, après le divorce, lui donna cette résidence [1], conserva, pour l'appartement qu'il avait occupé, un attachement qui tenait du culte. Elle avait expressément défendu que l'on dérangeât aucun meuble de cette pièce, et, au lieu de l'habiter, elle avait préféré s'installer au premier étage, où elle était moins bien logée. Tout était resté dans le même

[1] *Revue de l'Empire*, 1re année (1842), p. 137 et suivantes.

état où l'Empereur l'avait laissé. Un livre d'histoire était posé sur son bureau, marqué à la page où il s'était arrêté; une mappemonde, sur laquelle il montrait aux confidents de ses projets les pays où il voulait porter la gloire de nos armes, avait gardé les marques de quelques mouvements d'impatience, occasionnés peut-être par une légère observation..... Joséphine, seule, s'était chargée du soin d'ôter la poussière qui souillait ce qu'elle appelait *ses reliques*, et rarement elle donnait la permission d'entrer dans ce sanctuaire. Le lit romain de Napoléon était sans rideaux; ses armes étaient suspendues aux murailles, et quelques pièces de l'habillement d'un homme se trouvaient éparses sur les meubles. Il semblait qu'il fût prêt à entrer dans cette chambre, qu'il ne devait plus revoir.

« Le meuble du salon de l'Impératrice était en tapisserie, et le double I en roses pompons; sa chambre à coucher présentait l'aspect le plus simple; toute drapée de mousseline blanche, son unique ornement était la toilette d'or donnée par la ville de Paris.

« On a beaucoup parlé des fantaisies de Joséphine ; on a bien souvent et bien injustement donné ce nom à sa noble protection pour les arts, à ses encouragements constamment prodigués aux artistes.

« L'Impératrice comprenait que, non-seulement il faut accorder une rémunération large au talent, mais encore l'entourer des égards qui lui sont dus. Heureux de ses suffrages, de son affable bonté, Gros, Girodet, Guérin, Isabey, Redouté, Spontini, Méhul, Paër, Boïeldieu, Fontanes, Arnault, Andrieux, Lemercier, et tant d'autres encore, conservèrent toujours et pour l'Impératrice et pour la femme généreuse et bonne l'admiration dévouée dont elle était digne.

« Les matinées de Joséphine étaient employées le plus souvent à visiter les serres de la Malmaison qui étaient fort riches en plantes exotiques. Redouté, le célèbre peintre de fleurs, l'accompagnait quelquefois dans ses excursions matinales, et elle prenait plaisir à l'embarrasser dans des questions de botanique. C'est sous ses yeux que les roses et les lis des plus beaux albums de Redouté ont été peints.

« Girodet, dont l'esprit vif et brillant avait cependant une teinte de mélancolie, était l'un des fidèles de la Malmaison. Il parlait peu de lui, moins encore de ses tableaux ; mais, en revanche, il causait très-volontiers de son exécution sur le violon. Passionné pour la musique, il en faisait partout et toujours, sans être cependant d'une force bien remarquable.

« Paër, dont on admirait le beau talent pour la composition, la manière dont il accompagnait, et l'inépuisable complaisance qui l'empêchait de se faire prier, allait souvent aussi à la Malmaison. Il trouvait fort piquant d'avoir donné des leçons à la mère de Marie-Louise, d'être le maître de chapelle de l'Impératrice régnante, et de rester le serviteur dévoué de Joséphine, qui l'accueillait avec une distinction toute particulière. En sortant de Saint-Cloud, Paër se rendait à la Malmaison. La douceur de son esprit le faisait rechercher dans la conversation, et sa manière de chanter *le bouffe* le rendait indispensable dans toutes les soirées musicales organisées par Joséphine et par la reine Hortense.

« Cicéri, outre sa juste célébrité pour la peinture, chantait à merveille, sans prétention, et, sans le mauvais goût du luxe des ornements, il contrefaisait avec une rare perfection tous les chanteurs de l'époque et tous les acteurs à la mode.

« Isabey, son beau-père, apportait, lui aussi, aux réunions de la Malmaison, une part de sa gaieté intarissable et une collection d'histoires plus amusantes les unes que les autres. Un trait conté par lui était accompagné de gestes si expressifs que l'on croyait voir réellement les personnes dont il parlait.

« Carle Vernet, par la bizarrerie de son esprit, était d'une société charmante quand il voulait bien renoncer aux calembourgs, mauvais genre d'esprit dont il abusait souvent. Enfin, Chérubini contait aussi merveilleusement bien... »

A la suite du divorce, le domaine de Navarre

avait été érigé en duché par l'Empereur en faveur de Joséphine. L'impératrice devait en jouir, sa vie durant, après quoi le duché de Navarre devait revenir au prince Eugène, et après lui à ses descendants, de mâle en mâle. A défaut d'héritiers mâles, il était reversible aux femmes, mais seulement dans la lignée du prince Eugène, à l'exclusion de celle de la reine de Hollande. Enfin, le domaine de Navarre devait, en cas d'absence d'héritiers directs, revenir à la couronne.

L'Empereur avait acheté cette belle terre de M. Roy. Navarre, comme l'on sait, est situé dans l'Eure, près d'Evreux, et avait appartenu aux princes de la maison de Bouillon. C'était un lieu superbe, admirablement situé ; mais, lorsque, d'après le désir exprimé par l'Empereur, Joséphine alla y résider le jour même où Marie-Louise fit son entrée à Paris, ce château était délabré et sans meubles. Depuis lors, l'Empereur accorda toutes les sommes nécessaires pour les travaux de réparation, d'embellissement et d'ameublement.

Mais lors de la première installation, Navarre n'était pas habitable ; aussi l'impératrice Joséphine obtint-elle de l'Empereur l'autorisation de retourner à la Malmaison, un mois après l'union de Sa Majesté avec Marie-Louise.

Toutes les fêtes du mariage étaient terminées, et avec elles devait finir la contrainte que s'étaient imposée certains habitués de la Malmaison, en se montrant moins assidus auprès de la bonne Joséphine.

Un jour, l'Empereur demanda à plusieurs grands personnages qui assistaient à son lever s'ils avaient été voir l'impératrice Joséphine, et, sur leur réponse embarrassée ou négative, Napoléon leur dit : « Ce n'est pas bien, Messieurs, il faut aller à la Malmaison. » De ce jour-là, la route de ce château se couvrit de voitures, les salons de la Malmaison se remplirent d'une foule de personnes de la cour, et Joséphine se vit l'objet de l'empressement de tous.

L'impératrice Joséphine ne tarda pas à se rendre

aux eaux d'Aix, en Savoie; et lorsque sa fille, qui avait été la rejoindre, repartit pour Paris, elle la chargea de savoir de l'Empereur quelles étaient ses intentions pour sa future résidence.

« Ce fragment d'une lettre écrite par l'impératrice Joséphine à la reine Hortense[1], et datée de Berne, le 12 octobre 1810, suffit pour faire juger de sa situation : « Un courrier de M. le duc de Cadore, qui retourne en France, vient me demander mes commissions. Je profite de cette occasion, ma chère Hortense, pour te témoigner toute ma douleur. Pas un mot de toi depuis vingt jours que tu es séparée de moi. Que veut dire ton silence? J'avoue que je me perds dans mes conjectures, et que je ne sais plus que penser. Toi seule, ma chère fille, dois me tirer de l'incertitude affreuse dans laquelle je vis. Si d'ici à trois jours je ne reçois pas de lettres qui m'annoncent ce que je dois faire, je me rendrai à la Malmaison ; au moins là

[1] *Histoire de l'impératrice Joséphine*, par Aubenas, t. II, p. 519 et suivantes.

je serai en France, et si tout le monde m'abandonne, j'y vivrai seule, avec la conscience d'avoir sacrifié mon bonheur pour faire celui des autres. »

« Mais, dès le lendemain, Joséphine reçut une lettre de la reine Hortense, lui faisant connaître que l'Empereur la laissait entièrement libre de faire ce qui lui conviendrait le mieux : de rester en Suisse, d'aller en Italie ou de revenir à Navarre, sans faire même d'exception pour la Malmaison.

« Bientôt après, Napoléon lui-même écrivit à l'impératrice Joséphine pour lui confirmer ce que lui avait mandé la Reine.

« Je te conseillerais d'aller à Navarre tout de suite, lui dit-il, si je ne craignais que tu ne t'y ennuyasses. Mon opinion est que tu ne peux être, l'hiver, convenablement qu'à Milan ou à Navarre; après cela, j'approuve tout ce que tu feras, car je ne veux te gêner en rien. Adieu, mon amie, sois contente et ne te monte pas la tête; ne doute jamais de mes sentiments. »

A la réception de la lettre de l'Empereur,

Joséphine se décida à partir immédiatement pour Navarre.

« Là, du moins, dit-elle à sa fille, je serai en France. »

C'est à Navarre que l'impératrice Joséphine reçut de la main de Napoléon la nouvelle de la naissance de ce fils, de cet héritier, que Joséphine elle-même attendait avec une sorte d'impatience. La venue de cet enfant justifiait, au point de vue politique, le divorce, et devait la froisser moins que ne l'eût fait la stérilité d'une seconde union.

Nous avons dit que la vie de la reine Hortense se partageait entre sa mère et ses enfants. L'éducation des deux jeunes princes se faisait sous ses yeux. Ils annonçaient déjà tous les deux les dispositions les plus heureuses. L'aîné avait une prodigieuse mémoire. Madame Campan rapporte qu'elle lui entendit réciter, à la Malmaison, une tirade du rôle d'Achille dans *Iphigénie*, de Racine. Le prince Charles-Louis-Napoléon, qui n'avait alors que quatre ans, était beaucoup plus occupé des jeux de son âge, et se faisait remarquer par la vivacité de son esprit, ainsi que par sa ressemblance avec sa mère. L'instruction religieuse des deux princes n'était point oubliée. La reine Hortense avait fait choix d'un ecclésiastique éclairé, l'abbé Bertrand, pour lui confier cette tâche importante.

XI

Le premier jour de l'année 1813 fut un vendredi. Ce chiffre 13, ce vendredi, sembleraient donner raison à la superstition, car cette année fut fatale à la France, fatale surtout à la reine Hortense, dont elle vint briser l'une des plus chères affections.

Cependant le retour de l'Empereur avait un peu rassuré les esprits; on ne formait plus de vœux que pour la paix.

« La Reine n'était pas la moins intéressée à cette bienheureuse paix [1]; le prince Eugène, vice-roi d'Italie, était resté seul des lieutenants de l'Empereur pour rallier l'armée, tandis que tout le monde était venu se retremper à Paris. L'inquiétude de la Reine était extrême pour ce frère, qu'elle chérissait tendrement.

« Il avait déployé dans cette malheureuse campagne de Russie toute la fermeté et le désintéressement de son caractère. Sans perdre un instant, et avec son habileté habituelle, il avait su réorganiser l'armée pour effectuer cette pénible retraite. Sa sœur, qui connaissait le peu de moyens qui restaient à sa disposition, assaillie de tant de craintes pour lui, ne pouvait jouir d'un moment de repos. Elle allait souvent à la Malmaison pour essayer de rassurer l'impératrice Joséphine, et toutes les deux réciproquement cherchaient à se donner du courage. »

Chaque jour, on voyait arriver de l'armée des

[1] *Mémoires sur la reine Hortense*, t. 1er, p. 19.

militaires avec des pieds, des mains gelés, des bras ou des jambes emportés. La vue de ces malheureuses victimes de la guerre navrait tous les cœurs. On savait que le prince Eugène faisait des prodiges de dévouement, et tout le monde comparait sa conduite à celle du roi Murat, qui laissait au Vice-Roi tous les embarras de la retraite.

La reine Hortense, au milieu de ses devoirs de fille et de mère, n'avait cessé de s'associer, avec tous les élans de son cœur et de son âme toute française, aux inquiétudes de son pays.

L'Empereur avait ordonné, pour faire trêve au deuil dans lequel Paris était plongé, ainsi que toute la nation, de recommencer les fêtes et les bals. La reine Hortense fut donc obligée de reprendre, elle aussi, ses jours de cercle et de réception.

En voyant l'ancienne liste des personnes qu'elle faisait habituellement inviter à ses bals, la Reine remarqua avec tristesse le nom de plusieurs jeunes gens qui venaient de perdre la vie sur cette terre glacée de la Russie, si fatale à nos armes; les larmes lui vinrent aux yeux, surtout en pensant à cet excellent **Auguste de Caulaincourt**, fils cadet de sa dame d'honneur, que la pauvre mère pleurait encore, et dont la Reine avait si vivement déploré la perte : il fallait effacer son nom de cette liste de bal ! Malgré les observations du chambellan qui proposait les invitations, la Reine maintint les noms des officiers qui avaient, soit une jambe de bois, soit un bras de moins ou en écharpe.

La présence de toute cette jeunesse ainsi mutilée donnait à ces bals un aspect de tristesse que rien ne pouvait surmonter; et, lorsque mademoiselle Cochelet en fit la remarque à la Reine, Sa Majesté lui répondit : « Qu'importe ! ne voilà-t-il pas un grand malheur ! Eh bien ! les autres seront encore aussi tristes, j'en prends très-bien mon parti; mais, au moins, je n'aurai pas commis une injustice, car je suis princesse française, et je dois manifester mon intérêt pour ceux qui se battent et qui sont blessés pour la France. »

LA REINE HORTENSE

L'Empereur était parti le 13 avril 1813 pour rejoindre l'armée, et la reine Hortense avait été s'établir à Saint-Leu. Le 6 mai, un page lui apporta une lettre de l'impératrice Marie-Louise, lui annonçant la victoire de Lutzen. L'Empereur et le Vice-Roi se portaient bien. La joie de la reine fut bien grande, et quelques jours après, elle invita l'impératrice Marie-Louise à venir passer une journée à Saint-Leu, où une petite fête fut improvisée en son honneur.

Après une promenade dans les bois de Montmorency, on revint entendre Brunet, qui joua, assisté de Potier et de ses meilleurs acteurs, sur le petit théâtre de Saint-Leu, deux des plus amusantes pièces de son répertoire. Quand Marie-Louise fut partie, les dames de la Reine arrangèrent une petite surprise à son insu; mais elles eurent l'imprudence d'en parler au prince Napoléon. La Reine en embrassant ses enfants, voulut les envoyer coucher; le prince demanda à rester; le plus jeune était tout endormi, il ne savait rien;

mais son frère insistait toujours pour ne pas s'en aller. — « Cher enfant, disait la Reine, qu'as-tu donc? Pourquoi ne pas vouloir aller te coucher? » Le jeune prince ne disait rien : c'est une surprise qui devait faire plaisir à sa mère ; il était tenu de garder le secret, et rien ne le lui eût fait révéler. Voyant que ses prières étaient inutiles, qu'elles paraissaient être un caprice, puisqu'il ne pouvait les expliquer, il céda enfin et dit un adieu à sa mère sans montrer son chagrin.

« Un instant après, raconte mademoiselle Cochelet, entre dans le salon un homme qui, le balai à la main, sans paraître apercevoir la Reine, vient, comme un frotteur, mettre le salon en ordre. C'est Brunet qu'on reconnaît. Il répète avec son air bête et naturel une scène arrangée exprès et fait rire tout le monde jusqu'aux larmes. La Reine, seule, souriait sans paraître gaie. Lorsque cette scène fut finie, elle dit à ses dames : « Savez-vous que vous avez troublé le plaisir que vous vouliez me faire? Je m'explique à présent le désir de Napoléon de ne pas aller se coucher ; il était du secret, et je m'en veux de ma sévérité. Comment ne m'avez-vous pas mise alors dans la confidence? J'ai des remords d'avoir refusé à mon fils la prière qu'il me faisait pour rester. Je n'ai pas joui des folies de Brunet. Je pensais toujours à l'effort que mon fils avait fait pour s'en aller ; car, à cet âge, toutes les impressions sont si vives! De cette manière, j'ai presque mis mon pauvre enfant en pénitence, et il ne le méritait pas ! »

La Reine ne gâtait jamais ses enfants ; elle avait pour eux une tendresse extrême, sans être démonstrative. On la devinait si bien, son imagination était si vive et si frappée du malheur qu'elle avait déjà éprouvé en Hollande à la mort de son fils aîné, que l'on voyait sur sa figure, sans qu'elle l'exprimât jamais, la crainte qui l'agitait constamment.

Mais un autre malheur allait affliger la Reine. Madame de Broc, cette amie si dévouée, cette femme d'élite dont la présence était si nécessaire à

Sa Majesté, allait disparaître de ce monde, emportée par un de ces accidents imprévus et terribles qui laissent après eux de si longs et si regrettables souvenirs.

Rassurée sur la situation de son frère, qui, après Lutzen, avait quitté l'armée pour se rendre à Milan afin d'y organiser de nouvelles forces militaires, la Reine dut s'occuper de sa santé, qui était fort altérée. Elle prit congé de l'impératrice Marie-Louise et de sa mère, à qui elle laissa ses enfants pour se rendre aux eaux d'Aix, en Savoie.

On sait combien ce pays est accidenté. La reine Hortense y faisait de fréquentes excursions avec les personnes qui l'avaient accompagnée. Un jour, le 10 juin 1813, madame de Broc l'engagea à aller visiter la cascade de Grésy. Cette proposition fut acceptée, et l'on se dirigea en calèche vers cette cascade, qui est à deux lieues d'Aix.

Mais laissons parler mademoiselle Cochelet,

qui a raconté dans des pages saisissantes cet horrible événement dont elle fut témoin.

« Nous laissâmes, dit-elle [1], la voiture sur la grande route, et nous nous approchâmes, à pied, du moulin qui alimente les eaux de la cascade. Pour la bien voir, il fallait passer sur une planche que le meunier posa à l'instant sur un petit bras d'eau qui allait d'une vitesse effrayante. La Reine passa la première sur la planche; à peine si elle la touche, et elle est déjà de l'autre côté. Madame de Broc la suit, le pied lui manque, et elle est entraînée dans le gouffre et disparaît à mes yeux. J'allais passer; je m'arrête; je jette un cri affreux. M. le comte d'Arjuzon, chevalier d'honneur, qui nous suivait à quelques pas, accourt... Il était déjà trop tard!... La Reine était toute seule de l'autre côté de l'eau sur un rocher glissant; la planche avait été aussi emportée; elle ne pense qu'à son amie; elle ne perd pas la tête, et, arrachant son châle, elle le jette

[1] *Mémoires sur la reine Hortense*, t. 1er, p. 100 et suivantes.

dans le gouffre en en retenant un bout, se tient sur le bord et appelle à grands cris celle qui ne répond pas et qu'on ne devait plus revoir ; car cet eau, qui coule toujours à grands flots dans l'endroit où elle a disparu, est un obstacle épouvantable !...

« La Reine alors, au désespoir, repasse en s'élançant, au risque d'être entraînée aussi, ce funeste bras d'eau. Elle est éperdue, elle se joint à nous pour demander du secours. Il arrive de toutes parts à nos cris, mais tous nos efforts furent vains. Je voulais faire emmener la Reine, craignant tout pour elle de l'état où je la voyais. — « Non, me dit-elle, je ne quitterai d'ici que l'on n'ait retrouvé son corps, j'y suis décidée. » Et elle restait assise sur un tronc d'arbre, anéantie, sa tête dans ses mains, n'ayant plus ni force ni espoir, en me criant de temps en temps : « Louise, en grâce, qu'on la sauve ! promettez tout ce qu'on voudra, mais qu'on la retrouve ! »

« Enfin les paysans détournèrent les eaux ;

après mille efforts inouïs, on parvint à retirer ce corps, qui fut déposé dans mes bras !... Tous mes soins furent inutiles, et j'aidai M. d'Arjuzon à porter dans la voiture de la Reine cette intéressante victime. J'eus le courage de la reconduire ainsi moi-même jusqu'à la ville, où je la remis aux soins des Sœurs de la charité et des chirurgiens. »

Madame de Broc était âgée de vingt-cinq ans lorsqu'elle périt d'une manière si cruelle. Élevée avec la reine Hortense, elle avait obtenu, dès l'enfance, une place dans le cœur de cette princesse. La même sensibilité, la même piété envers le malheur, le même goût pour les arts, avaient fortifié chaque jour le penchant de deux âmes faites l'une pour l'autre. La Reine, enfin, avait donné toute son amitié à celle qui avait obtenu toute son estime.

Le général de Broc, après une campagne dans laquelle il avait servi avec honneur, était mort en Italie, dans l'hiver de 1810 à 1811, laissant à sa veuve d'éternels regrets.

Le matin même de sa fin tragique, madame de Broc écrivait à madame la princesse de la Moskowa, sa sœur : « Je ne sais pourquoi je suis triste ; je me reproche de n'avoir pas été t'embrasser à la campagne avant mon départ. Je me consolerai de ce chagrin en te donnant le mois d'août tout entier. »

Madame Campan, à qui la Reine avait voulu écrire elle-même dès qu'elle en eut trouvé la force, lui répondit : « J'ai reçu l'admirable lettre de Votre Majesté. Elle peint l'âme céleste de l'élève que j'ai eu le bonheur de conserver, et celle de la nièce chérie que j'ai eu le malheur de perdre. »

La Reine fonda un hôpital pour la ville d'Aix, et y attacha les Sœurs de la charité qui avaient veillé et prié près du corps de son amie. La sœur Saint-Jean, leur supérieure, fut mise à la tête de cette fondation.

Il y avait déjà plus de deux mois que cet épouvantable accident était arrivé, et la reine Hortense, s'attachant à ces lieux témoins de la perte qu'elle avait faite, ne pouvait s'en séparer. Elle fit élever un modeste monument à l'endroit même où le malheur était arrivé, et y fit placer cette inscription :

ICI

MADAME LA BARONNE DE BROC,

AGÉE DE 25 ANS, A PÉRI

LE 10 JUIN 1813.

Ô VOUS

QUI VISITEZ CES LIEUX,

N'AVANCEZ QU'AVEC PRUDENCE

SUR CES ABÎMES ;

SONGEZ A CEUX QUI VOUS AIMENT.

XII

Pendant que la reine Hortense, tout entière au deuil profond que lui causait la perte d'une amie aussi chère à tant de titres, s'ensevelissait dans la retraite, et cherchait dans l'accomplissement d'œuvres de pieuse charité un allégement à sa douleur, les événements politiques se pressaient, et Napoléon luttait seul, avec les inépuisables ressources de son génie, contre l'Europe coalisée.

Mais tout allait mal, parce qu'il y avait partout

transactions de conscience, hésitations, et, faut-il le dire ? abandon de la part de ceux qui avaient été le plus comblés par l'Empereur.

Le roi Louis, qui eût pu, à juste titre, conserver quelque ressentiment contre son frère, ne songea plus qu'à faire cause commune avec la France, du jour où il vit son pays sérieusement menacé. Son long séjour en Styrie avait très-fortement ébranlé sa santé. Bravant toutes les fatigues, il quitta Gratz, traversa la Suisse, et arriva à Paris le 1er janvier 1814 ; il descendit chez sa mère.

L'entrevue qu'il eut avec l'Empereur fut assez froide. Le roi Louis désirait ardemment servir la France dans ce moment de crise, mais sans souscrire à aucune condition qui fût en désaccord avec sa conduite passée.

Les conditions que Napoléon voulut lui imposer furent telles, qu'il dut s'abstenir de prendre une part active à la lutte engagée.

En apprenant l'arrivée du Roi, la reine Hortense dit aux personnes qui l'entouraient : « Mon mari est bon Français ; il le prouve en rentrant en France au moment où toute l'Europe se déclare contre elle ; c'est un honnête homme ; et si nos caractères n'ont pu sympathiser, c'est que nous avions des défauts qui ne pouvaient aller ensemble. Moi, j'ai eu trop d'orgueil ; on me gâtait quand j'étais jeune, je croyais trop valoir peut-être, et le moyen, avec de pareilles dispositions, de vivre avec quelqu'un qui est trop méfiant? Mais nos intérêts sont les mêmes, et il est digne de son caractère de venir se réunir à tous les Français pour aider de ses moyens la défense de son pays. C'est ainsi qu'il faut reconnaître tout ce que le peuple a fait pour notre famille. »

L'éloignement involontaire que l'humeur morose du roi Louis inspirait à la reine Hortense n'avait donc jamais porté atteinte à l'estime qu'elle professait pour le caractère moral de son mari.

Tout en regrettant profondément de ne pouvoir accepter désormais une vie commune, qui était devenue impossible à cause de la disparité de leur manière de voir et de sentir, la reine Hortense n'en rendait pas moins justice à la noble conduite de Louis dans ces circonstances. Elle s'était toujours parfaitement rendu compte de ce que les princes de la famille impériale devaient à la nation française et à l'Empereur. Aussi s'attachait-elle à développer ces sentiments dans l'âme de ses deux fils. « Je veux, disait-elle, qu'ils deviennent des hommes distingués, et qu'on ne leur fasse pas contracter les défauts ordinaires de la grandeur. Je veux enfin que la pensée même de leur élévation les excite à devenir meilleurs. Il faut qu'ils sachent que, pour être véritablement supérieurs aux autres hommes, il faut renoncer complétement à soi et s'oublier pour eux. »

Le prince Louis-Napoléon, dès les premières années de son enfance, se faisait remarquer par la douceur en même temps que par la réserve de son caractère. Mais, quoiqu'il parlât peu et qu'il eût par moments un maintien plus réfléchi que celui des autres enfants de son âge, la vivacité de son esprit se révélait souvent d'une manière inattendue par des mots heureux, par des observations aussi fines que remplies de sens et de justesse.

La reine Hortense, moins démonstrative que l'impératrice Joséphine dans l'expression de sa tendresse, surveillait tous les mouvements de ses enfants avec la sollicitude la plus continue. Rien n'échappait à son œil pénétrant, et elle réprimait avec autant de douceur que de sagesse les plus légers écarts. Elle ne se bornait pas à encourager chez ses fils leur noble penchant à la bienfaisance et leur tendre compassion pour le malheur : elle s'appliquait aussi à faire disparaître chez eux tout sentiment de jalousie ou de haine. « C'est la nature des choses, leur disait-elle, qui place les hommes dans tel ou tel rang ; il ne faut jamais en vouloir à ceux qui nous remplacent, et même, s'ils agissent bien, il faut avoir le courage de le reconnaître et de leur rendre justice, dans quelque circonstance que ce soit. »

XIII

Le moment approchait où ces nobles et salutaires leçons allaient porter leurs fruits.

Dans les premiers jours de janvier 1814, les étrangers avaient envahi le territoire français : la tristesse était dans tous les esprits.

La veille du départ de l'Empereur pour l'armée, la reine Hortense avait été lui dire adieu au palais des Tuileries. Retirée dans son hôtel de la rue

Cérutti, elle attendait avec anxiété des nouvelles du théâtre de la lutte, qui, chaque jour, se rapprochait de plus en plus de Paris.

Le 9 février, Mâcon tombait au pouvoir de l'ennemi ; mais, quelques jours après, Napoléon prenait une éclatante revanche à Nangis, tandis que le prince Eugène venait de gagner, en Italie, la bataille du Mincio sur le maréchal de Bellegarde.

Satisfait d'avoir appris cette bonne nouvelle, qui lui avait été apportée par le colonel comte Tascher de la Pagerie, aide de camp du Vice-Roi et envoyé par celui-ci en France, Napoléon écrivit à son fils adoptif, le 18 février 1814, pour lui exprimer combien il en était satisfait. Il confia cette lettre au colonel Tascher, et lui prescrivit de repartir immédiatement pour rejoindre le Vice-Roi.

Malgré les ordres formels de l'Empereur, le comte Tascher de la Pagerie se rendit dans le plus grand secret chez la reine Hortense pour lui donner des nouvelles de son frère.

Il la trouva très-préoccupée et toute triste des événements dont le théâtre se rapprochait si près de Paris. La Reine fut encore bien affligée quand le comte Tascher de la Pagerie lui donna très-confidentiellement connaissance des ordres qu'il avait reçus de l'Empereur pour le maréchal Augereau et le prince Borghèse [1]. C'est dans ces moments si expansifs de confiance et d'abandon que l'excellent cœur de la reine Hortense se faisait connaître. Elle était heureuse des succès de son frère ; mais ces douces impressions, si tendres et si vraies, étaient comprimées par les craintes que lui inspirait la position si difficile du prince Eugène en Italie, où il était entouré d'ennemis si nombreux. Elle désirait beaucoup la paix, mais elle la voulait honorable.

Ainsi donc, le comte Tascher de la Pagerie était

[1] D'après ces ordres, le prince Eugène devait se défendre en Italie le plus longtemps possible, et, s'il était défait, opérer sa retraite sur les Alpes. Le maréchal Augereau devait marcher sur Mâcon et Châlon-sur-Saône, et le prince Borghèse était invité à mettre la ville de Gênes dans un état imposant de défense. (*Mémoires du prince Eugène*, t. X, p. 112 et suivantes.)

reparti avec l'ordre formel de l'Empereur pour le prince Eugène de garder, coûte que coûte, l'Italie.

Cette mission était glorieuse sans doute, mais pleine de périls. « J'espérais que j'allais revoir mon frère, dit à ce sujet la reine Hortense à sa lectrice et confidente intime; qu'il allait revenir pour unir ses efforts à ceux de l'Empereur et délivrer la France de ses ennemis; mais Tascher vient de m'apprendre que l'Empereur l'a chargé d'enjoindre au Vice-Roi de tenir ferme en Italie et d'y disputer le terrain pied à pied aux armées autrichiennes réunies contre lui. Comment pourra-t-il, seul, tenir tête à des troupes si nombreuses, et quelles inquiétudes une position si critique ne me donne-t-elle pas pour lui? Quand donc viendra cette bienheureuse paix, que depuis longtemps j'appelle de tous mes vœux? »

Malgré le succès des combats de Nangis, de Montmirail, de Champaubert, l'armée ennemie n'était plus qu'à cinq lieues de Paris.

LA REINE HORTENSE

Cette nouvelle, qui déjà circulait dans la capitale, avait produit d'abord le trouble et la confusion. On voyait de tous côtés des apprêts de départ.

La reine Hortense, en s'affligeant de ce triste spectacle, ne pouvait croire à d'aussi alarmantes nouvelles. Elle avait une foi invincible dans le génie du grand homme qui présidait aux destinées de la France. Sur-le-champ elle se rendit au palais des Tuileries et conjura l'impératrice Marie-Louise de ne pas quitter Paris. Mais le conseil de famille, auquel avaient assisté tous les grands dignitaires de l'Empire, en avait décidé autrement. Jugeant que Paris ne pouvait se défendre, il craignait que Marie-Louise et le roi de Rome ne tombassent au pouvoir de l'ennemi.

Un grand nombre des meilleurs et des plus sincères amis de la famille impériale étaient réunis chez la Reine, lorsqu'elle revint des Tuileries.

« Je suis outrée de la faiblesse dont je viens d'être témoin ! s'écria-t-elle en entrant dans le salon où on l'attendait avec tant d'anxiété. Le croiriez-vous? on part. C'est ainsi qu'on perd à plaisir et la France et l'Empereur! Ah! dans les grandes circonstances, les femmes seules ont du courage, je le sens. Je suis sans doute celle qui souffrirait le moins de la perte de toutes ces grandeurs; mais je suis indignée de voir si peu d'énergie quand il en faudrait tant. Lorsque le sort nous a élevés et que les destinées d'un pays dépendent de la nôtre, c'est un devoir de se maintenir aussi haut que la fortune nous a placés. Quant à moi, ajouta-t-elle, je reste à Paris, je partagerai avec les Parisiens toutes les chances, bonnes ou mauvaises. »

La reine Hortense écrivit à l'instant à sa mère pour l'engager à se rendre à Navarre. Elle envoya sa lettre par un piqueur. Sans cet avis de sa fille, l'impératrice Joséphine eût pu voir arriver les Cosaques à la Malmaison.

Le roi Louis avait été désigné pour accompagner Marie-Louise à Blois. Il écrivit à sa femme que, tout en blâmant ce départ, il l'engageait elle-même à quitter Paris avec ses enfants.

La reine Hortense hésitait. A ce moment, le comte Regnaud de Saint-Jean-d'Angély, qui était colonel de la garde nationale, demanda à lui parler. Il fut admis et exprima à Sa Majesté le découragement inspiré par le départ de l'Impératrice et du roi de Rome. La Reine lui dit : « Malheureusement, je ne puis les remplacer ; mais je ne mets pas en doute que l'Empereur n'exécute des manœuvres qui nous le ramènent bientôt ici. Il faut que Paris tienne, et si la garde nationale veut défendre la capitale, dites-lui que je m'engage à y rester. »

L'ennemi apparaissait déjà dans la banlieue de Paris, et la Reine, ferme et inébranlable, n'avait pas quitté sa demeure. Cette noble résolution avait circulé dans les rangs du peuple et de la garde nationale. On voyait les hommes, les femmes, s'exciter les uns les autres pour faire une vigoureuse résistance. « Pourquoi, disait-on tout haut dans les rangs de cette foule passionnée, pourquoi Marie-Louise ne montre-t-elle pas le même caractère ? »

Les heures s'écoulaient ; le comte Regnaud de Saint-Jean-d'Angély vint faire connaître à la reine Hortense l'impossibilité de défendre Paris. « Malgré l'élan de la garde nationale, dit-il, Paris ne peut tenir ; Votre Majesté ne saurait s'exposer, elle et ses enfants, à être prise ; il faut donc qu'elle s'éloigne. — Mais, répliqua la Reine, est-il croyable qu'avec la bonne volonté que montrent les Parisiens, on ne puisse arrêter quelques jours l'armée ennemie ? — J'ai tout lieu de penser, reprit le comte Regnaud de Saint-Jean-d'Angély, que demain nous serons en son pouvoir. Croyez-moi, partez à l'instant, c'est moi qui réponds de Votre Majesté, puisque c'est moi qui l'ai engagée à rester, et Dieu veuille qu'elle puisse encore passer librement ! »

Il partit, et la Reine hésitait toujours. Mademoiselle Cochelet, qui, pendant ces cruelles perplexités, ne la quitta pas un seul instant, rapporte que Sa Majesté, se promenant dans sa chambre, disait : « Une armée prendre si facilement une capitale, est-ce possible? et avoir l'Empereur tout près d'ici! Mais je me souviens que Madrid s'est maintenue quelques jours contre nos armées ; il y a mille exemples semblables, et nous sommes des Français! »

Les dames et les officiers qui l'entouraient n'osaient lui donner de conseil, et pourtant le temps pressait. Un message du roi Louis vint lever toute incertitude. Il allait monter en voiture lorsqu'il apprit que la Reine n'était pas encore partie. Il demandait ses fils à l'instant pour les emmener avec lui, et faisait dire à la Reine qu'elle oubliait que, Paris pris, on pourrait s'en saisir comme d'otages.

La Reine obéit à regret; après avoir donné l'ordre de faire atteler une voiture de voyage, elle répondit au Roi qu'elle partait à l'instant même avec ses enfants.

Sa Majesté se mit en route à neuf heures du soir, se dirigeant d'abord sur Versailles. Elle était seule dans sa voiture avec ses deux enfants. Deux autres voitures la suivaient. On arriva à Glatigny sans embarras. Il était déjà tard ; mais, ici, laissons encore parler mademoiselle Cochelet :

« .... La Reine présida au coucher de ses enfants [1] ; elle les vit s'endormir avec cette anxiété d'une mère qui voit la plus belle cause, les plus belles couronnes, les plus belles destinées s'anéantir pour ses enfants, trop jeunes pour sentir l'amertume de pareilles pertes.

« Les deux pauvres enfants s'endormirent sans soucis...

« ... A peine endormies, nous fûmes réveillées par le canon de Paris qu'on attaquait, et nous ne pensâmes plus qu'à la nécessité de nous éloigner promptement. J'entrai chez la Reine ; elle se levait déjà en entendant ces détonations, dont le bruit la faisait tressaillir...

[1] *Mémoires sur la reine Hortense*, t. 1er, p. 234 et suivantes.

« Hélas ! disait la Reine, les larmes aux yeux, jusqu'à présent je n'avais jamais entendu le canon que pour des fêtes ou pour se réjouir des succès de nos armées ! Il faut donc se soumettre maintenant à nos revers ! Mais je ne puis être tranquille que lorsqu'on aura cessé de se battre. »

« Nous partîmes pour le Petit-Trianon, où le général Préval vint voir la Reine. Il faisait très-beau ; nous étions dans le jardin d'où l'on entendait distinctement tous les coups ; nous attendions avec la plus grande émotion la fin de cette bataille qui allait décider de nos destinées. La Reine avait donné l'ordre qu'aucun domestique ne s'éloignât ; le général devait, d'ailleurs, lui donner des nouvelles.

« Le bruit du canon avait déjà cessé, et nous n'apprenions rien ; seulement, la Reine était moins triste. « On ne se bat plus, disait-elle ; n'importe ce qui est arrivé, nous pouvons respirer puisqu'il n'y a plus à craindre de voir tuer nos chers Parisiens. »

Un avis du général Préval ne tarda pas à accélérer le départ de Trianon. On traversa à la hâte Versailles, et l'on arriva à Rambouillet, où se trouvaient les rois Joseph et Jérôme, qui, de leur côté, allaient rejoindre Marie-Louise à Blois.

Le roi Louis, qui avait accompagné l'Impératrice dans cette ville, venait d'envoyer un officier à la Reine avec l'ordre exprès de la Régente pour qu'elle eût à se réunir à eux.

La reine Hortense, en lisant cette lettre, songea qu'elle avait un devoir plus sacré à remplir : celui d'aller aux côtés de sa mère et d'attendre les ordres de l'Empereur ; aussi l'itinéraire fut-il changé.

« J'allais à Blois, dit-elle après avoir lu la lettre du roi Louis, et maintenant, je me rends à Navarre. »

Le lendemain matin, la Reine rejoignait sa mère. Quelle douce joie la présence de sa fille et de ses petits-enfants apportait à la bonne Impératrice, au milieu de ses douloureuses préoccupations sur le sort de l'Empereur et de tous les siens!...

Résignée, quoique profondément affligée, Joséphine attendait avec anxiété toutes les nouvelles qui arrivaient successivement de Paris. Elle ne tarda pas à apprendre la capitulation, l'entrée des alliés dans la capitale, et les démonstrations faites par le parti royaliste.

Depuis que durait la terrible crise politique dans laquelle la France était engagée, la santé de l'impératrice Joséphine dépérissait à vue d'œil ; le sort présent et futur de l'Empereur, celui de ses enfants, enfin, les alarmes continuelles dans lesquelles elle vivait, tout concourait à hâter chez elle une fin prématurée. On ne peut se dissimuler, en effet, que les malheurs de Napoléon furent pour beaucoup, pour tout peut-être, dans les causes qui amenèrent sa mort.

« J'ai assisté, dit mademoiselle Avrillon, au spectacle des insomnies de l'impératrice Joséphine, de ses rêves terribles ; j'ai vu couler ses larmes, j'y ai mêlé les miennes ; j'ai vu Sa Majesté passer des journées entières, ensevelie dans ses réflexions sinistres. Certes, je n'aurai pas la présomption de dire que j'ai jamais été prise pour confidente dans ces heures d'abattement et d'ennui ; mais, enfin, je sais ce que j'ai vu et entendu, et, pour moi, c'est le chagrin qui a tué l'Impératrice. »

Rien ne saurait exprimer la douleur qu'éprouvèrent l'impératrice Joséphine et la reine Hortense lorsque M. de Maussion, auditeur au Conseil d'État, vint, de la part du duc de Bassano, confirmer à Leurs Majestés la nouvelle de la capitulation de Paris, en même temps que l'abdication de Fontainebleau.

C'était pendant la nuit. Réveillée à la hâte, Joséphine se rendit dans la chambre de sa fille, et là, assise auprès du lit, lorsqu'elle sut de M. de Maussion que l'Empereur allait se rendre à l'île d'Elbe :

— « Ah ! Hortense, s'écria-t-elle, qu'il doit être malheureux ! Comment ! il est confiné à l'île d'Elbe ? Sans sa femme j'irais m'y enfermer avec lui ! C'est maintenant qu'il me serait doux d'être auprès de lui pour prendre la moitié de ses chagrins. Jamais je n'ai autant gémi d'un divorce dont je fus toujours affligée. »

Ces sentiments peignent la belle âme de l'impératrice Joséphine.

Pendant que la reine Hortense était à Navarre, son hôtel de la rue Cérutti, à Paris, avait été envahi par les Suédois. Cependant, on n'avait pas osé habiter son appartement, et comme, suivant les ordres de Sa Majesté, aucun meuble n'avait été fermé à clef, toutes les correspondances de famille, laissées dans la bibliothèque de son cabinet, avaient été respectées ; sans doute parce que, accessibles à tous, ces papiers ne paraissaient avoir aucun caractère sérieux.

La reine Hortense, ne voulant pas séparer sa cause de celle de la famille impériale, repoussait toutes les propositions de ses amis, qui l'exhortaient à ne pas s'expatrier pour ménager les intérêts de ses enfants.

Voici une lettre qu'elle écrivit de Navarre, à ce sujet, à mademoiselle Cochelet, sous la date du 9 avril 1814 :

« Tout le monde m'écrit, ainsi que toi, pour me dire : « Que voulez-vous? que demandez-vous? » A tous je réponds : *Rien du tout*. Que puis-je désirer? mon sort n'est-il pas fixé? Et lorsqu'on a pris un grand parti et qu'on a pu envisager de sang-froid le voyage des Indes ou de l'Amérique, il est inutile de rien demander à personne. Je t'en prie, ne fais aucune démarche que je pourrais désapprouver. Je sais que tu m'aimes, et cela pourrait t'entraîner; mais, réellement, je ne suis personnellement pas trop à plaindre : J'ai tant souffert au milieu des grandeurs ! Je vais peut-être connaître la tranquillité, et la trouver préférable à tout ce brillant agité qui m'entourait. Je ne crois pas pouvoir rester en France : le vif intérêt qu'on me montre pourrait, par la suite, donner de l'ombrage. Cette idée est accablante, je le sais; mais je ne veux causer d'inquiétude à personne.

Mon frère sera heureux, ma mère doit conserver sa patrie et ses biens, et moi, j'irai loin avec mes enfants; et puisque la vie, la fortune de ceux que j'aime sont assurées, je puis toujours supporter le malheur qui ne touche que mon existence et non pas mon cœur. Je suis encore toute troublée du sort que l'on destine à l'Empereur et à sa famille. Est-ce vrai? tout est-il arrêté? Donne-m'en des détails. Si je n'étais venue près de ma mère, je suis sûre que je n'aurais pas pu m'éloigner d'eux dans ces moments malheureux. Ah! j'espère qu'on ne me demandera pas mes enfants; c'est alors que je n'aurais plus de courage! Élevés par mes soins, ils se trouveront heureux dans toutes les positions. Je leur apprendrai à être dignes de la bonne et de la mauvaise fortune, et à mettre leur bonheur dans la satisfaction de soi-même. Cela vaut bien des couronnes. Ils se portent bien, voilà mon bonheur, à moi... »

Malgré les vives et continuelles instances qui lui étaient adressées de tous les côtés pour l'engager à venir auprès de sa mère, qui, dès que Paris avait été plus calme, était rentrée à la Malmaison, la reine Hortense quitta Navarre pour aller rejoindre Marie-Louise, qui se trouvait alors à Rambouillet.

A la vue de la Reine, Marie-Louise fut froide, embarrassée; aux paroles pleines d'affection et inspirées par le dévouement à l'Empereur et à la France que la reine Hortense lui adressait, la fille de l'empereur d'Autriche lui répondit : « Mon père « va venir, votre présence peut le gêner. » Ce fut là tout : pas une parole de regret, pas un mot de tendresse pour le grand homme qui avait daigné l'associer à ses destinées.

Indignée et cachant mal sa profonde déception, la reine Hortense, avant de quitter la France, songea à aller embrasser une dernière fois sa mère.

Aussitôt que l'empereur Alexandre sut que l'impératrice Joséphine était arrivée à la Malmaison, il s'empressa de venir faire une visite à Sa Majesté. En parlant de l'occupation de Paris et de la situation faite à l'empereur Napoléon, il n'oublia pas un seul instant qu'il parlait devant celle qui avait été la femme de son puissant adversaire.

Alexandre avait dans l'âme quelque chose d'élevé et de magnanime, qui jamais ne lui eût permis de dire un seul mot capable de blesser des sentiments dont, mieux que tout autre, il savait apprécier l'exquise délicatesse. Aussi l'empereur de Russie rendait-il pleine justice à cette noble attitude de fierté et de réserve qu'avait prise dès le premier moment, vis-à-vis de lui et des souverains ses alliés, la reine Hortense.

Le roi de Prusse et les princes, ses fils, vinrent aussi à la Malmaison. Ce séjour, dont ils admiraient les beaux jardins et les serres magnifiques, leur paraissait charmant. C'était, en effet, grâce aux travaux et aux embellissements que l'impératrice Joséphine y avait fait exécuter successivement, une délicieuse résidence. A quelque distance du château, Sa Majesté avait fait construire une superbe bergerie, qu'elle avait peuplée de moutons mérinos, espèce devenue aujourd'hui assez commune, mais qui était encore fort rare à cette époque.

La bergerie et la vacherie étaient situées très-près l'une de l'autre, et construites toutes les deux sur un terrain qui dépendait anciennement de l'abbaye de Saint-Cucuphat.

Les soins que l'impératrice Joséphine donnait à ces établissements domestiques étaient pour elle un délassement qui lui plaisait beaucoup; elle allait très-fréquemment visiter sa vacherie et sa bergerie. Elle avait eu le projet de faire reconstruire le château, qui était réellement trop petit. Si ces plans avaient pu être mis à exécution, la Malmaison fût devenue l'une des plus belles habitations qu'il y eût eu en France.

La douceur et la bonté parfaites de l'impératrice Joséphine avaient charmé l'empereur Alexandre, qui visita dès lors assez fréquemment la Malmaison. Dès que la reine Hortense se fut rendue auprès de sa mère, il s'empressa d'aller la voir. Elle ne répondit que par le silence aux offres qu'il lui fit pour elle et ses enfants.

Cette première réception, loin d'éloigner l'empereur de Russie, fit tout au contraire qu'il ne ménagea rien pour gagner la confiance de la reine Hortense, dont il appréciait dignement toute la délicatesse d'âme, toute la noblesse de caractère.

Ne se rendant pas bien compte de tout ce qui se passait autour d'eux, les deux fils de la reine Hortense se laissaient embrasser par l'empereur de Russie et par le roi de Prusse, tout en demandant : « Pourquoi nous embrassent-ils, puisqu'ils sont les ennemis de notre oncle? — Parce que, leur répondait-on, cet empereur de Russie est un ennemi généreux qui, dans votre malheur, veut vous être utile ainsi qu'à votre maman. — Ainsi, il faut donc que nous l'aimions, celui-là? — Oui, certainement, car vous lui devez de la reconnaissance. »

Le jeune prince Louis, qui d'ordinaire parlait très-peu et observait beaucoup, avait écouté fort attentivement ces explications. La première fois que l'empereur Alexandre revint à la Malmaison, il prit une petite bague que son oncle Eugène lui avait donnée, et, s'avançant sur la pointe des pieds près du tzar, tout doucement pour que personne ne s'en aperçût, il lui glissa la bague dans la main, puis il s'enfuit à toutes jambes. Sa mère le rappela et lui demanda ce qu'il venait de faire. « Je n'ai que cette bague, répondit le jeune prince en rougissant et en baissant la tête avec embarras ; c'est mon oncle Eugène qui m'en a fait cadeau, et j'ai voulu la donner à l'empereur Alexandre, puisqu'il est bon pour maman. »

Le tzar l'embrassa, mit la petite bague à la chaîne de sa montre, et dit avec une profonde émotion qu'il la porterait toujours. « C'est une habitude que ce jeune prince a toujours conservée, écrit Mademoiselle Cochelet, d'aimer à donner tout ce qu'il possède. J'entendis un jour sa mère, lorsqu'il était plus grand, lui reprocher de ne pas garder une chose dont elle lui avait fait cadeau. « Louis, disait la Reine, je ne te donnerai plus rien; comment, tu as donné encore ces jolis boutons que j'avais fait monter pour toi? — Mais, répondit le prince, vous vouliez me procurer un plaisir en me les offrant, et vous m'en procurez deux : celui de recevoir de vous, ma mère, une jolie chose, et, ensuite, le plaisir de la donner à un autre. »

L'empereur Alexandre, et tous les souverains étrangers que les jeunes princes voyaient journellement à la Malmaison, leur disaient, lorsqu'ils s'adressaient à eux, *Monseigneur* et *Votre Altesse Impériale*, ce qui les étonnait beaucoup, leur mère ayant toujours voulu qu'on les traitât comme des enfants, avec amitié et sans cérémonie. Elle désirait que tout, autour d'eux, servît à leur éducation, et jamais une mère ne fut plus que la reine Hortense préoccupée de la crainte de voir ses enfants gâtés par les grandeurs : elle s'efforçait de leur persuader qu'ils n'étaient rien du tout que par ce qu'ils vaudraient eux-mêmes. On la voyait souvent les prendre tous les deux sur ses genoux et causer avec eux pour former leurs idées sur toutes choses. La conversation était curieuse à entendre dès le temps des splendeurs de l'Empire, où ces deux charmants enfants étaient les seuls héritiers de tant de couronnes que l'Empereur distribuait à ses frères, à ses officiers, à ses alliés. Après les avoir interrogés sur ce qu'ils savaient déjà, la Reine passait en revue tout ce qu'ils avaient besoin de savoir encore pour se suffire à eux-mêmes, pour se créer des ressources qui pourraient assurer leur existence. Elle pensait avec raison que le malheur des princes nés sur les marches d'un trône, c'est qu'ils croient que tout leur est dû, qu'ils sont formés d'une autre nature que les autres hommes, et qu'ils ne contractent pas d'obligations envers eux ; qu'ils ignorent les misères humaines, et ne croient pas qu'elles puissent jamais les atteindre. Aussi, lorsque l'infortune arrive, ils sont surpris, terrifiés, et restent toujours au-dessous de leurs destinées.

La reine Hortense disait un jour à mademoiselle Cochelet : « Crois bien que, dans la position où ils sont, je ne puis pas leur donner de leçons qui leur soient plus utiles que de leur enseigner que, malgré tout l'éclat qui les entoure, ils sont sujets à toutes les vicissitudes de la vie. Cela leur apprend à ne pas trop compter sur la solidité de leur grandeur, en les habituant à ne compter que sur eux seuls. »

XIV

L'unique mobile qui avait porté la reine Hortense à ne pas quitter sur-le-champ la France, avait été de consoler sa mère en restant quelque temps auprès d'elle ; et, cette mère chérie, elle allait la perdre !

La pauvre impératrice Joséphine était assaillie par toutes les douleurs. Elle venait de lire dans un journal que le cercueil de l'aîné des fils de la reine Hortense, mort en Hollande, et qui avait été déposé dans les caveaux de Notre-Dame, allait être porté dans un cimetière ordinaire. « Eh quoi ? s'était-elle écriée en fondant en larmes, on ose toucher aux tombeaux ! C'est comme du temps de la Révolution ! »

Quand, de son côté, la reine Hortense eut lu cet article, elle dit à sa mère : « Je ferai placer le corps de mon fils dans l'église de Saint-Leu; il sera là près de moi; il ne sera plus au milieu de ceux qui se déclarent nos ennemis. Si je suis attristée, c'est de voir par quelles passions haineuses mon pays va être gouverné; ce n'est pas en couvrant de mépris tous nos souvenirs que l'on fera le bonheur de la France. »

Dans ces tristes et douloureuses circonstances, l'impératrice Joséphine et la reine Hortense éprouvèrent une grande joie, celle de voir arriver auprès d'elles le prince Eugène, qui n'avait quitté l'Italie que lorsque, abandonné de tous et après avoir défendu pied à pied le territoire du pays dont il était le souverain désigné, il avait dû s'écrier, comme François Ier après la bataille de Pavie : « *Tout est perdu, fors l'honneur !* »

En même temps que le prince Eugène recevait la nouvelle des événements de Milan, où la noblesse, égarée par les agents de l'Autriche, se porta aux plus graves excès, il avait officiellement connaissance du traité de Fontainebleau, par lequel Napoléon renonçait, pour lui et ses successeurs, à la couronne d'Italie. Il lui fut également notifié que le royaume d'Italie devait être occupé, au nom des coalisés, par l'armée autrichienne.

Le prince Eugène n'avait donc plus qu'à déposer ses pouvoirs : c'est ce qu'il fit au moyen d'une seconde convention conclue avec le maréchal de Bellegarde.

Après avoir fait ses adieux, dans les termes les plus nobles et les plus touchants, au peuple qu'il avait gouverné pendant près de neuf années avec autant de bonté que de sagesse, il quitta l'Italie, ainsi que sa famille, pour se rendre à Munich.

A peine arrivé dans cette ville, le prince trouva

des dépêches de l'impératrice Joséphine, qui le pressaient de se rendre à Paris, pour veiller lui-même à la réalisation de la promesse qui lui avait été faite par le traité de Fontainebleau, d'un établissement convenable à son rang et à la haute position qu'il occupait depuis 1805. Il partit donc pour la France.

« En arrivant à Paris [1], quelques jours avant la fin prématurée de son excellente mère, Eugène fut rendre ses devoirs à Louis XVIII. Lorsqu'il se présenta à la cour, on eut la maladresse de l'annoncer au roi sous le nom de *marquis de Beauharnais*. Louis XVIII, se levant brusquement de son fauteuil et allant à sa rencontre, lui tendit affectueusement la main ; puis, se retournant avec un mouvement de mauvaise humeur bien marquée vers la personne qui avait introduit le Vice-Roi : « *Dites Son Altesse le prince Eugène, monsieur,*

---

[1] *Mémoires et correspondance politique et militaire du prince Eugène*, par A. Du Casse, t. X, p. 254 et 255.

s'écria-t-il, *et ajoutez : Grand Connétable de France, si tel est son bon plaisir.* »

« Nous ne citons cette anecdote, dont nous garantissons l'authenticité, ajoute M. Du Casse, que pour montrer combien, amis et ennemis, avaient su apprécier la belle conduite, le loyal caractère du prince Eugène. »

L'empereur Alexandre, qui avait conçu pour la reine Hortense et pour son frère la plus affectueuse estime, avait exprimé le désir de voir Saint-Leu.

L'impératrice Joséphine, la reine Hortense et le prince Eugène l'y reçurent le 14 mai 1814. Le tzar y vint sans cérémonie, avec le comte Tchernitcheff. Les seuls invités furent le duc de Vicence et la maréchale Ney.

On fit une promenade en char-à-bancs. Au retour, Joséphine se trouva fatiguée et rentra dans son appartement.

A partir de ce jour-là, la bonne Impératrice eut le pressentiment que sa fin devait être prochaine.

LA REINE HORTENSE

Elle faisait tous ses efforts pour cacher à ses enfants ses souffrances morales ; mais elle avait été frappée au cœur. Le 29 mai, jour de la Pentecôte, elle expirait à la suite d'une angine [1]. Aucune expression ne saurait peindre la douleur de la reine Hortense et du prince Eugène.

Six jours après sa mort, le corps de l'impératrice Joséphine fut déposé dans un caveau de l'église de Rueil, au-dessous de la chapelle Saint-Vincent, et près de l'endroit où l'on devait lui ériger plus tard un monument. La triste cérémonie des funérailles eut lieu le 2 juin, avec tout l'appareil que les circonstances purent permettre.

C'est au sein de la douleur profonde où elle était plongée depuis la mort de sa mère, que la reine Hortense reçut les lettres patentes qui lui conféraient le duché de Saint-Leu.

Saint-Leu était sa seule propriété, et les bois qu'il s'agissait de lui conserver, faisaient partie de

[1] Le chapitre IV, ayant pour titre : *Les Tombeaux*, contient un récit très-détaillé et authentique des derniers instants de l'impératrice Joséphine.

l'apanage qui environnait cette campagne. Elle ignorait alors que son mari, que l'on appelait toujours le roi Louis, malgré son abdication, avait pris, de son côté, le titre incognito de comte de Saint-Leu. Cette différence de titre est due, comme on le voit, au hasard.

La succession de l'impératrice Joséphine fut représentée comme étant de douze millions. C'était un mensonge fait à dessein pour ajouter aux embarras de la reine Hortense et du prince Eugène, qui se trouvaient forcés de renvoyer tant de braves gens qui avaient servi leur mère.

La Malmaison était la seule propriété de l'Impératrice ; c'était une charge bien plus qu'un revenu. Elle fut abandonnée au prince Eugène, qui eut ainsi des dettes considérables à acquitter. Navarre était un majorat qui retournait également à Eugène, moins les bois environnants, dont la jouissance revint à l'État.

Le frère et la sœur se partagèrent les pensions à conserver. La Reine en eut à servir pour

20,000 francs par an. En outre, et pour pouvoir distribuer des gratifications à la maison de l'Impératrice, qui se trouvait dissoute, la reine Hortense et le prince Eugène donnèrent chacun 100,000 francs qu'ils furent forcés d'emprunter, parce que depuis plusieurs mois ils ne recevaient plus rien du Trésor. Le prince mit en gage les bijoux qui lui revenaient de sa mère, afin de se procurer cette somme en même temps que celle dont il avait besoin pour se rendre à Vienne, où il allait réclamer ses biens d'Italie qui avaient été mis sous le séquestre.

La Reine n'avait conservé près d'elle que madame de Boubers, qui était chargée de la direction de sa maison, et l'abbé Bertrand, précepteur de ses fils. Mademoiselle Elisa Courtin, fille du comte de ce nom, et mademoiselle Cochelet étaient toutes deux chargées de faire les honneurs du salon de la reine Hortense.

Une visite de madame de Staël à Saint-Leu préoccupa beaucoup, à cette époque, la cour de

Louis XVIII. On craignait que la Reine ne se liât avec cet esprit fougueux et remuant ; mais cette visite ne laissa aucune trace dans sa vie habituelle. Une seule réflexion fut faite par le jeune prince Louis : « Cette dame, dit-il quand elle se fut retirée, est bien questionneuse. Est-ce que c'est cela qu'on appelle de l'esprit ? »

XV

Nous passons sous silence les événements qui suivirent, pour arriver au 20 mars 1815.

Voici la lettre que la reine Hortense écrivit, à cette époque, à son frère :

« Mon cher Eugène, un enthousiasme dont tu n'as aucune idée, ramène l'Empereur en France. Je viens de le voir. Il m'a reçue très-froidement. Je pense qu'il désapprouve mon séjour ici. Il m'a dit qu'il comptait sur toi et qu'il t'avait écrit de Lyon. Mon Dieu! pourvu que nous n'ayons pas la guerre! Elle ne viendra pas, je l'espère, de l'empereur de Russie; il la désapprouvait tellement! Ah! parle-lui pour la paix, use de ton influence près de lui; c'est un besoin pour l'humanité. J'espère que je vais bientôt te revoir. J'ai été obligée de me cacher pendant douze jours, parce qu'on avait fait courir mille bruits sur moi. Adieu, je suis morte de fatigue. »

Telle est cette lettre dont, plus tard, au congrès de Vienne, on se fit une arme pour démontrer la participation active de la Reine et de son frère aux événements politiques de 1815.

Par ordre de l'Empereur, la reine Hortense écrivit à Marie-Louise; mais cette princesse, que l'histoire a déjà jugée sévèrement, se montra, dans ces circonstances, personne ne l'ignore, bien plus Autrichienne que Française.

Sur les vives instances de la reine Hortense, l'Empereur alloua à la duchesse d'Orléans un revenu de 400,000 francs, et à la duchesse de Bour-

LA REINE HORTENSE

bon un revenu de 200,000 francs, tout en les autorisant à rester en France.

La Reine fut bien heureuse de voir l'Empereur traiter si généreusement ses ennemis.

Avant la cérémonie du Champ-de-Mai, Napoléon témoigna le désir de visiter la Malmaison. La Reine fit tout préparer d'avance pour le recevoir dans cette résidence.

Après avoir visité le bois, la ferme suisse et la galerie du château, qui avait conservé quelques tableaux d'un grand prix, Napoléon, s'adressant à la reine Hortense, lui dit d'une voix qui trahissait l'émotion : « Je désirerais voir la chambre de l'impératrice Joséphine. »

La Reine se leva, mais l'Empereur s'arrêta et lui dit : « Non, Hortense, restez, ma fille; j'irai seul. »

Quelque temps après, l'Empereur rentra; il avait les yeux humides et il était visiblement oppressé.

On aime à retrouver chez ce puissant génie

les marques d'un aussi sérieux attachement pour la femme qui lui avait voué le culte le plus fidèle et le plus tendre.

Le 1er juin 1815 avait été fixé pour la cérémonie du *Champ-de-Mai*.

La Reine se rendit avec ses deux fils à cette solennité, qui eut lieu au Champ-de-Mars. Des places leur avaient été réservées dans une tribune construite derrière le fauteuil de l'Empereur. En face du trône avait été élevé un autel où furent bénies les aigles nouvelles que Sa Majesté distribua à son armée. Les maréchaux, les généraux, les grands corps de l'État s'y trouvaient réunis. Cette journée fut magnifique d'enthousiasme; mais la Reine rentra soucieuse à son hôtel, car, derrière ces acclamations d'un peuple transporté d'allégresse, elle entrevoyait toutes les vicissitudes de la lutte terrible qui allait s'engager.

Les Chambres se réunirent quelques jours après. Le 6 juin 1815, l'Empereur ouvrit la session et reçut le serment des pairs et des députés. Son discours se terminait ainsi :

« Pairs et Représentants, donnez à la nation l'exemple de la confiance, de l'énergie et du patriotisme ; et, comme le sénat d'un grand peuple de l'antiquité, soyez décidés à mourir plutôt que de survivre au déshonneur et à la dégradation de la France. La cause sainte de la patrie triomphera.... »

Six jours après, l'Empereur partit à quatre heures du matin pour l'armée. Dans la soirée du 11 juin, la reine Hortense avait conduit ses fils à Sa Majesté pour lui faire leurs adieux.

Jamais on n'avait vu l'Empereur s'éloigner avec un sentiment d'aussi profonde tristesse. Cependant, le 17 juin, le bruit du canon qui annonçait à Paris la victoire de Ligny, avait apporté la joie et l'espérance dans tous les cœurs... Mais quel réveil, lorsque la nouvelle du désastre de Waterloo circula parmi la population parisienne !

La première pensée de la reine Hortense avait

été pour la défense et le salut de la France; la seconde pour le sort de l'Empereur. Le soir, elle retourna à l'Élysée pour le voir. Après le conseil, qu'il avait tenu le matin avec ses frères et ses ministres, il les avait envoyés faire aux Chambres des communications importantes.

L'Empereur dîna seul. La reine Hortense assista à son repas et resta longtemps avec lui. Elle rentra fatiguée de tant d'émotions successives, mais elle resta courageuse et résignée à tout.

Le lendemain, 22 juin, l'Empereur envoya aux Chambres son abdication; chacun sait ce qui s'y passa, et les scènes qu'elle provoqua pour le malheur de la France...

« Dans l'après-midi, la reine Hortense se rendit à l'Élysée; j'eus l'honneur de l'y accompagner, dit mademoiselle Cochelet, et je restai dans le salon de service pendant que Sa Majesté était chez l'Empereur. Je la vis bientôt se promener dans les jardins avec Madame-Mère, tandis que l'Empereur, à quelques pas plus loin, causait avec son frère

LA REINE HORTENSE

Lucien. Tout à coup des cris de : *Vive l'Empereur!* nous firent tous accourir aux fenêtres. La foule, exaspérée par l'abdication, entourait le palais et les jardins, en demandant l'Empereur à grands cris; et, lorsqu'ils l'avaient aperçu se promenant, plusieurs hommes avaient escaladé les murs pour s'élancer vers lui; ils s'étaient précipités à ses pieds, et, avec cet accent pénétrant qui part de l'âme, ils l'avaient supplié de ne pas les abandonner, de renoncer à ce projet d'abdication qui les désespérait, et de se mettre à leur tête pour aller repousser l'ennemi.

« Eh bien! nous dit le comte Réal, qui était alors préfet de police, je ne suis occupé qu'à faire réprimer de pareils élans et à prévenir des scènes semblables... »

« La reine Hortense rentra chez elle plus tôt que je ne l'avais pensé. Aussitôt que nous fûmes en voiture, elle me dit :

« L'Empereur m'a demandé si la Malmaison m'appartenait; je lui ai répondu qu'elle était à mon frère, mais que c'était la même chose. Alors il m'a dit qu'il désirait s'y rendre, et qu'il me priait de l'y accompagner.

« — Et vous avez consenti, madame ?

« — Certainement. Je suis trop heureuse de pouvoir lui témoigner ma reconnaissance pour tout ce qu'il a fait pour moi !

« — Mais, madame, réfléchissez au danger des circonstances où nous sommes ; il y en a sûrement beaucoup pour vous à vous identifier ainsi au sort de l'Empereur.

« — C'est une raison de plus pour que je n'hésite pas à m'y associer ! je m'en fais un devoir, et plus l'Empereur court de périls, plus je suis heureuse de lui témoigner tout mon dévouement. »

La reine Hortense, après avoir mis ses deux enfants en lieu sûr, en les confiant à madame Tessier, l'une de ses fournisseuses, qui demeurait sur le boulevard Montmartre, se rendit à la Malmaison pour y recevoir l'Empereur. Elle fut, jusqu'à la fin, admirable de dévouement pour Napoléon. A toutes les représentations de ses amis, elle ne faisait qu'une réponse : « L'Empereur m'a toujours traitée comme son enfant, je serai aussi toujours pour lui une fille dévouée et reconnaissante, et mon premier besoin est d'être satisfaite de moi. »

Madame-Mère fut la dernière personne de la famille impériale qui vint prendre congé de l'Empereur.

Leur séparation rappelle ces grandes scènes des temps antiques, où le sublime réside dans la majestueuse simplicité de l'expression de la pensée. « Adieu, mon fils, » dit madame Lœtitia en lui tendant la main au moment du départ, et deux grosses larmes sillonnaient son noble visage.

La réponse de l'Empereur : « Ma mère, adieu ! » fut aussi laconique.

Puis la mère et le fils s'unirent dans une dernière et suprême étreinte, pour ne plus se revoir jamais sur cette terre.

LA REINE HORTENSE

La reine Hortense remit à l'Empereur, avant son départ de la Malmaison, son beau collier de diamants. Napoléon reçut ce gage d'affectueuse prévision avec une paternelle bonté ; puis, succombant à son émotion, il se retira brusquement.

C'était fini ! le martyre de Sainte-Hélène allait commencer, et Napoléon devait se transfigurer par le malheur, en devenant, dès le dix-neuvième siècle, le héros le plus grand dont le monde entier ait jamais entendu prononcer le nom !

La reine Hortense ne songeait plus qu'à quitter cette France tant aimée, où famille, amis, tout enfin, allait lui manquer.

Le 17 juillet 1815, à neuf heures du soir, elle quitta Paris pour s'éloigner de son pays, calme et tranquille à l'extérieur, mais bouleversée au fond de l'âme par cette pensée déchirante qui vous tue lorsqu'on abandonne pour toujours la terre natale.

La Reine monta seule dans sa voiture avec ses enfants. M. de Marmold, son écuyer, et M. le comte de Voyna, aide de camp du prince de Schwarzenberg, suivaient dans une berline.

La troisième voiture contenait Madame Bure, la nourrice excellente et dévouée du prince Louis, et une femme de chambre.

Un fidèle serviteur, Vincent Rousseau, précédait en courrier.

Le soir, la reine Hortense coucha au château de Bercy, chez M. de Nicolaï, qui la reçut avec le plus respectueux dévouement.

Quelques jours après mademoiselle Cochelet et le bon abbé Bertrand la rejoignirent à Genève.

A Dijon, la Reine avait vu son appartement forcé par des officiers de la garde royale, qui voulaient l'empêcher de partir et la considéraient comme leur prisonnière.

Il fallut toute l'énergie de M. de Voyna pour les faire renoncer à leur brutale tentative.

A Dôle, ce fut tout le contraire. La population, en voyant un officier autrichien avec la reine Hortense, crut qu'elle était sa prisonnière et tenta de la délivrer. Elle fut obligée de parler elle-même à la foule, qui se pressait furieuse autour de sa voiture, pour lui faire connaître sa véritable situation.

Enfin, après de mortelles inquiétudes et d'affreuses anxiétés, la reine Hortense avait mis le pied en Suisse.

Elle était là dans une modeste auberge, l'*Hôtel du Sécheron*, et elle embrassait en pleurant ses deux enfants, le seul bien qui lui restât dans le monde !

CHAPITRE III

EXIL

I

La reine Hortense se croyait enfin arrivée dans un lieu de repos. Ses passe-ports, signés et visés par les ambassadeurs de toutes les puissances de l'Europe, la dirigeaient vers la Suisse, pays libre qui était resté étranger aux vicissitudes de la guerre. Mais ses illusions furent de courte durée. Dès le lendemain de son arrivée, le gouvernement de Genève lui fit signifier qu'elle eût à s'éloigner, attendu qu'il ne lui était pas permis de résider sur le territoire de la République.

La reine Hortense songea alors à poursuivre sa route vers la Savoie. Elle avait fait, ainsi que l'impératrice Joséphine, des séjours successifs à Aix ; ce pays était rempli du souvenir de leurs bienfaits. Avant de quitter Genève, la Reine eut une courte entrevue avec le cardinal Fesch et madame Lœtitia, qui étaient porteurs de passe-ports pour l'Italie et voyageaient sous la sauve-garde d'un officier autrichien.

A son arrivée à Aix, la reine Hortense reçut de la part des habitants un accueil digne d'elle et de son rang. Elle ne rencontra, parmi les autorités, aucune opposition au désir qu'elle exprima d'attendre là que les souverains alliés lui eussent fait connaître dans quel lieu ils lui laisseraient établir sa résidence.

La maison qu'avait louée la reine Hortense était mal située et d'un aspect assez triste. Le seul avantage qu'elle offrît était une grande cour où les jeunes princes jouaient en toute liberté avec d'autres enfants de leur âge.

Il y avait à peine une semaine que la reine Hortense était installée dans cette modeste demeure, qu'elle vit arriver monsieur de Marmold, son écuyer, et l'abbé Bertrand, suivis des domestiques et des chevaux que l'on avait dirigés d'abord sur Prégny, dans la pensée que rien ne s'opposerait au choix de cette propriété particulière pour lieu de retraite; mais les autorités suisses en avaient disposé autrement. Il fallut donc louer une seconde maison à Aix.

Au milieu des préoccupations cruelles qui assiégeaient la reine Hortense, et qui prenaient leur source non-seulement dans les événements politiques du moment, mais encore dans la situation précaire de fortune où elle se trouvait, de tristes nouvelles vinrent briser son âme.

Ce fut d'abord l'assassinat du maréchal Brune à Avignon, puis le départ de Napoléon pour Sainte-Hélène, et l'exécution du noble, du généreux Labédoyère, qui avait été si dévoué à la famille impériale !

Absorbée par ses chagrins, la reine Hortense ne se doutait pas des craintes qu'elle inspirait aux Bourbons. Elle croyait, en quittant Paris, avoir fait taire toutes les appréhensions. Il en était tout autrement, et la police de Louis XVIII ne cessa d'exercer sur elle et sur son entourage la surveillance la plus tracassière et la plus inquiète. On alla jusqu'à répandre le bruit qu'elle s'occupait activement de lever des régiments en Savoie.

Une autre douleur, plus amère, plus profonde que toutes celles qu'elle venait de ressentir, était réservée à la reine Hortense. Le prince Napoléon-Louis allait se séparer d'elle pour rejoindre à Rome son père, le roi Louis.

« Je ne saurais exprimer, dit mademoiselle Cochelet, la douleur que j'éprouvai en voyant le prince Napoléon s'arracher des bras de sa mère et de son jeune frère, qui fondaient en larmes. Je ne savais comment calmer le chagrin de mon cher prince Louis et le distraire de son isolement, qui était d'autant plus pénible pour lui qu'il n'avait jamais quitté son frère d'une seconde. Cet aimable enfant était d'un caractère doux, timide et renfermé; il parlait peu, mais son esprit, à la fois vif, réfléchi, pénétrant, s'exprimait par des mots heureux, pleins de raison et de finesse, que j'aimais à recueillir et à répéter. Il fut si affligé du départ de son frère qu'il en tomba malade et eut une jaunisse qui, heureusement, fut sans danger.

« La Reine devint si gravement malade que je faillis en perdre la tête. Elle avait, plusieurs fois par jour, des syncopes qui m'alarmaient au dernier point; elle ne se ranimait un peu que pour rester dans un état d'affaiblissement dont rien ne pouvait la sortir; elle était d'une telle débilité qu'elle ne pouvait faire un pas.

« Comme partout elle manquait d'air, on la portait dans des lieux élevés et solitaires où elle restait plusieurs heures à respirer, tout en essayant d'employer le peu de force qui lui restait, à crayonner quelques esquisses de ces lieux pittoresques. C'est dans cette triste situation que nous apprîmes la fin déplorable de Murat.

« — Voilà les rois qui suivent les sanglants exemples des peuples, dit la Reine; ils ont tort de leur rappeler que les diadèmes ne sont plus des bandeaux sacrés et qu'on peut s'en jouer. »

Vers la fin d'octobre 1815, la reine Hortense reçut communication du procès-verbal de la conférence qui avait eu lieu, le 21 du même mois, entre les ministres des cours alliées, et qui lui permettait de fixer son séjour à Constance.

Obligée de repasser près de Genève, elle eut à souffrir de ces persécutions puériles qui lassent la patience la plus inaltérable.

La reine Hortense quitta Aix le 28 novembre 1815, et elle s'arrêta à Prégny, où elle arriva dans la soirée. A peine avait-on dressé pour elle, à la hâte, un lit de repos dans cette maison restée inhabitée, que l'on vit arriver un officier de gendarmerie de Ferney, chargé de faire une perquisition. On prétendait que le roi Joseph, qui voguait alors vers l'Amérique, s'était réfugié chez la reine Hortense sous des habits de femme.

Après s'être bien convaincus que ces rapports étaient complétement mensongers, l'officier et sa troupe se retirèrent, humiliés du rôle qu'on leur avait fait jouer.

Après les gendarmes, parurent les autorités de Genève, qui firent signifier à la reine Hortense, de la part de leur gouvernement, qu'il lui était défendu de séjourner sur leur territoire. La Reine leur répondit qu'elle n'avait nullement cette intention, et qu'elle continuerait sa route dès qu'une de ses voitures, qui s'était brisée, serait réparée.

Le 30 novembre, par un temps froid et humide, la reine Hortense s'achemina vers Lausanne et alla coucher à Payerne. Durant le court séjour qu'elle fit dans cette localité, un proscrit, le général Ameil, put venir lui exprimer sa gratitude pour l'appui généreux qu'elle lui avait accordé. Inutile d'ajouter que cette visite mit toute la police du canton sur pied. Quelques mois après, au moment où il allait passer en Amérique, grâce aux ressources qui lui avaient été fournies par le prince Eugène et sa sœur, le général Ameil fut arrêté en Hanovre et jeté dans un cachot.

En quittant Payerne, la reine Hortense continua son chemin vers Berne. On avait atteint la ville de Morat, et la Reine, cédant à la fantaisie de dessiner un effet de neige, venait d'en tracer la première esquisse, lorsque apparurent une douzaine d'individus enveloppés de sombres manteaux. C'étaient des gendarmes de Fribourg qui avaient reçu l'ordre de retenir prisonnière à l'auberge de Morat la duchesse de Saint-Leu.

Cette auberge de Morat était un détestable gîte, et il fut décidé que M. de Marmold se rendrait à Fribourg, muni de tous les passe-ports qui autorisaient le passage en Suisse de la reine Hortense et de sa suite.

Ce ne fut que le lendemain que *messieurs* de Fribourg voulurent bien faire lever la consigne qui retenait la reine Hortense prisonnière dans une mauvaise chambre d'auberge, où il avait fallu laisser portes et fenêtres ouvertes pour ne pas être étouffé par la fumée du foyer.

Enfin, après une suite de mesquines persécutions, la reine Hortense arriva dans le grand-duché de Bade, et elle descendit, à Constance, dans une misérable hôtellerie.

II

La Reine, à moitié morte de froid et de fatigue, eut toutes les peines du monde à monter un petit escalier en colimaçon qui conduisait à un second étage, où se trouvait le seul appartement habitable; elle était maintenant dans le grand-duché de Bade, qu'elle regardait comme un asile; la pensée qu'il lui serait facile de s'y installer mieux, lui faisait prendre patience.

« Nous cherchions une maison bien située pour

nous y établir et jouir de la vue du lac, dit mademoiselle Cochelet [1]; malheureusement il y en avait peu qui nous convinssent. Ce n'est guère que du port que l'on peut découvrir cette belle étendue d'eau qu'on prendrait pour la mer, si l'on n'apercevait, sur la droite, des cimes glacées d'un effet majestueux.

« A notre arrivée, M. de Hosser, préfet de Constance, était venu, en cette qualité, présenter ses devoirs à la Reine. Il revint, peu de jours après, accompagné de M. le baron de Guellingen, chambellan du grand-duc de Bade, qui l'avait envoyé de Carlsruhe pour s'informer des intentions de la Reine, et lui exprimer combien il regrettait de ne pouvoir l'engager à se fixer à Constance; mais que cela était de toute impossibilité, les hautes puissances ayant décidé que les membres de la famille Bonaparte ne pouvaient habiter que l'Autriche, la Prusse et la Russie. La grande-duchesse écrivit à sa cousine

[1] *Mémoires sur la reine Hortense*, t. IV, p. 102 et suivantes.

pour lui témoigner le chagrin qu'elle éprouvait de ce que son mari ne pouvait pas accueillir la Reine dans ses États.

« Ce nouveau désappointement fut pour nous très-affligeant; la Reine le reçut avec cette fermeté d'âme qu'elle conserve dans toutes les circonstances. Elle répondit à M. de Guellingen que l'état de sa santé et la rigueur de la saison ne lui permettaient pas d'aller plus loin; que les passe-ports qu'elle avait, l'autorisaient à attendre à Constance la décision des cantons suisses sur son projet de se fixer dans le canton de Saint-Gall, et qu'au surplus, elle ne comptait rester à Constance que jusqu'au printemps, époque à laquelle elle espérait alors une solution.

« M. de Guellingen était un bon et brave homme que nous connaissions déjà, et qui n'éprouvait pas moins de peine à remplir sa mission auprès de la Reine, que le grand-duc n'en avait ressenti lorsqu'il l'en avait chargé. »

Les petits États ont toujours reçu la loi des

grands, et alors la grande-duchesse de Bade, comme parente de la reine Hortense, était elle-même dans une position difficile, car elle se trouvait en butte à la haine du parti qui dominait en Europe. Mille intrigues avaient été ourdies pour amener son mari à un divorce dont il avait repoussé l'idée de toute la force de sa volonté. Il avait, journellement, occasion de soutenir sa femme, qu'il aimait tendrement, contre sa propre famille, et l'arrivée de la reine Hortense dans ses États était pour lui un embarras de plus qu'il aurait voulu éviter. D'un autre côté, il désirait être agréable à la Reine, et satisfaire en cela à l'attachement bien marqué que sa femme lui portait. Celle-ci écrivait pour sa cousine les choses les plus tendres, et finissait toujours par dire : « Prenez patience, tenez-vous bien tranquille, et peut-être, au printemps, les choses s'arrangeront-elles à la satisfaction de tout le monde; d'ici-là les passions seront calmées et bien des choses oubliées. »

En attendant, il était difficile de mener une vie plus monotone et plus triste que la sienne. Tous les jours, la reine Hortense sortait à pied dans les rues de Constance, où il n'y avait pas alors le moindre objet qui pût reposer ses yeux, incessamment fatigués par la neige qui couvrait les rues et les toits des maisons. Après le dîner, lorsque le couvert était enlevé, car la même pièce servait de salon et de salle à manger, on se réunissait pour achever la soirée dans cette unique pièce. La Reine n'avait ni piano ni musique; il lui avait été impossible de s'en procurer, et les livres français étaient, à cette époque, chose encore plus rare à Constance.

Sur les instances de la grande-duchesse de Bade, des démarches avaient été faites près de la diète de Francfort pour que la reine Hortense ne fût plus inquiétée durant son séjour à Constance.

Désirant quitter l'auberge, où elle était fort mal installée, la Reine voulait une habitation assez vaste pour contenir les quelques amis qui formaient sa maison, et assez bien située pour qu'on pût avoir de l'air, de l'espace et la vue du lac.

Elle trouva une maison située sur la langue de terre qui se rapproche de Constance à l'endroit où le lac se rétrécit près du Rhin. Cette maison, plus que modeste, contenait un certain nombre de pièces assez mal closes.

La reine Hortense fit faire quelques réparations indispensables, et, au moyen des meubles venus de Paris, elle put s'installer vers la fin de décembre. Un piano avait été triomphalement placé dans une pièce qualifiée du nom ambitieux de salon, et, avec une bonne humeur digne d'un meilleur sort, la Reine disait : « J'ai enfin *un petit chez moi !* »

Que ce *petit chez moi* était loin de la richesse et de la splendeur des résidences impériales et royales qu'elle avait occupées en France et en Hollande! mais on comprend qu'après avoir subi l'hospitalité si tracassière et si avide des auberges qui l'avaient reçue en Suisse, la reine Hortense se trouvât contente de ne plus être exposée à ces tribulations.

Pendant les jours les plus froids de l'hiver, de pauvres exilés de France avaient reçu l'ordre de quitter Berne. C'étaient d'anciens conventionnels, qui, pour la plupart, étaient infirmes et dénués de toute ressource ; la reine Hortense les secourut dans leur détresse, mais elle le fit avec délicatesse et de manière à ne pas blesser leur amour-propre.

Au milieu de l'isolement profond où vivait la Reine, la princesse de Hohenzollern-Sigmaringen se rappela à elle de la façon la plus affectueuse et la plus tendre, et vint la visiter dès qu'elle eut pris possession de sa nouvelle demeure.

La princesse de Hohenzollern-Sigmaringen avait résidé longtemps à Paris, chez son frère, le prince de Salm, qui avait fait bâtir le palais affecté aujourd'hui à la grande chancellerie de la Légion d'honneur. C'est à elle qu'avaient été confiés Eugène et Hortense, ainsi que nous l'avons déjà dit, lorsque le général et madame de Beauharnais avaient été arrêtés sous le régime de la Terreur.

Dans l'exil, la reine Hortense retrouvait avec bonheur cette affection toute dévouée qui l'avait protégée enfant, et qui venait la consoler alors qu'elle avait déjà passé par les épreuves les plus douloureuses de la vie.

Une autre joie se préparait pour la Reine. Le prince Eugène, son frère bien-aimé, allait venir la voir. Depuis qu'elle était à Constance, elle recevait souvent de ses nouvelles, et c'était là un grand allégement à ses ennuis. Quoiqu'il fût le meilleur appui qui lui restât, elle n'avait pas, un seul instant, songé à lui demander de vivre auprès de lui.

Elle savait son cher Eugène tranquille au milieu des siens et vivant avec toute la simplicité d'un père de famille; elle ne voulait, pour rien au monde, lui susciter des embarras par sa présence.

Pendant le temps que le prince Eugène resta près de sa sœur, c'est-à-dire la courte durée de la semaine sainte, la reine Hortense sembla revivre. Elle formait des plans pour son habitation future, et c'est dans un site merveilleux, qu'elle avait découvert près des bois de Lorette, qu'elle conçut la pensée d'aller s'établir d'une manière définitive.

Mais avec le départ du prince Eugène s'envolèrent projets, plans et bonheur. Le grand-duc ne put consentir à la cession du bois de Lorette, et, d'un autre côté, le prince de Metternich ayant appris le désir qu'avait la reine Hortense d'aller se fixer sur les bords du lac de Constance, lui écrivit dans les termes les plus polis, en lui envoyant un passe-port pour Brégentz... en Autriche.

La Reine n'eut garde de se rendre à cette étrange invitation. Elle pensa avec raison que le séjour qui lui était offert pourrait bien lui réserver toutes les précautions mystérieuses d'un internement diplomatique.

III

Depuis la visite que le prince Eugène avait faite à sa sœur, il l'engageait, dans chacune de ses lettres, à venir la lui rendre. La reine Hortense le désirait d'autant plus qu'elle ne connaissait pas les enfants du prince, qui, tous, étaient nés en Italie. Mais elle attendait pour se mettre en route que son frère fût installé à la campagne, où elle pourrait le voir sans attirer sur cette rencontre l'attention qu'elle aurait éveillée à Munich.

Dès que le prince Eugène se fut rendu à Berg, la reine Hortense songea à aller lui faire sa visite si impatiemment attendue. Elle était déjà en route, lorsqu'un courrier lui apporta la triste nouvelle que la dernière petite fille du prince, enfant de quelques mois, venait de mourir.

Il y eut donc un voile de tristesse sur l'entrevue du frère et de la sœur, et cependant le prince Eugène possédait encore cinq beaux enfants, quatre filles et un garçon, qui représentaient la jeunesse et la grâce dans toute leur naïve fraîcheur.

Le prince Louis, qui avait accompagné sa mère, fut d'abord un peu intimidé en voyant tant de visages inconnus; mais il ne tarda pas à faire connaissance avec son cousin et ses cousines, et sa réserve fit bientôt place à l'abandon et aux jeux les plus bruyants.

M. le comte de Lavalette, soustrait à la mort par le dévouement de sa femme, qui avait pris sa place à la Conciergerie, avait été recueilli secrètement par le prince Eugène, et la Reine fut bien heureuse de revoir cet ami si fidèle et si dévoué.

A son retour à Constance, la reine Hortense se décida, pour obéir aux avis des médecins du pays, à passer une saison à Geiss, dans les montagnes de l'Appenzell, où l'irritation de poitrine dont elle était atteinte, devait être traitée au moyen de bains et de petit-lait.

Elle laissa son fils à Constance, aux soins de ses amis, auxquels venaient de se réunir la mère et le frère de mademoiselle Cochelet, et mademoiselle Élisa de Courtin [1], qui avait été confiée aux soins de madame Campan lorsque la reine Hortense s'était vue contrainte de quitter précipitamment la France.

Le séjour de la Reine dans ces montagnes donna lieu à un incident assez grotesque, que mademoiselle Cochelet raconte avec toute la gaieté native de son esprit enjoué.

[1] Mademoiselle de Courtin devint, plus tard, la femme de notre poëte Casimir Delavigne.

« J'avais, dit-elle [1], remarqué pendant notre séjour à Geiss, dans une maison en face de la nôtre, un homme porteur d'une de ces honnêtes figures suisses qui ne permettent de supposer ni l'astuce ni la méchanceté; il avait l'air trop bien portant pour le croire du nombre des malades qui se réunissent à Geiss. Il passait tout son temps à sa fenêtre, en manches de chemise, sans doute à cause de la chaleur, sans autre société, sans autre occupation qu'une énorme pipe qu'il chargeait de temps en temps, et un grand verre de bière mousseuse qu'il vidait et remplissait tour à tour. Sortions-nous, il était sur la porte de sa maison; nous promenions-nous, il se trouvait sur nos pas et ne manquait jamais de nous saluer fort poliment.

— « En vérité, madame, dis-je un jour à la Reine, si nous étions au temps des enchanteurs, je croirais qu'un amant déguisé a pris cette forme simple pour vous suivre ici. » Nous apprîmes que

---

[1] *Mémoires sur la reine Hortense*, t. IV, p. 238 et suivantes.

cet homme n'était pas de l'endroit ; son oisiveté me l'avait fait penser : c'était un bourgeois de Saint-Gall. Au bout de quelque temps, nous vîmes un second individu partageant la chambre de notre voisin ; il était plus joufflu, plus intrépide fumeur encore, et plus assidu que lui, s'il était possible. Ma curiosité était portée à l'excès ; je parvins à entrer en conversation avec le premier de ces êtres mystérieux dont le visage m'était déjà plus familier. La connaissance fut bientôt faite ; sa bonhomie en abrégea les préludes, et j'appris de lui-même qu'il était payé par l'Autriche pour suivre la Reine à Geiss et rendre compte de tout ce qu'elle y faisait, dans un rapport qu'il expédiait chaque jour. Le pauvre homme, faisant la chose en conscience, n'avait guère satisfait l'attente de ceux qui le payaient. L'heure de notre dîner, les bouquets que les enfants nous apportaient, tout cela, répété quotidiennement, ne formait pas des récits bien piquants ni bien variés. On pensa qu'il remplissait mal les fonctions qu'il avait acceptées, et on lui envoya de Brégentz un compagnon autrichien dont le dévouement et la sagacité ne pouvaient être mis en doute, mais qui, lorsqu'il fut à la besogne, fut tout aussi embarrassé que le gros Suisse de n'avoir rien, absolument rien à mettre dans ses rapports. Il se cassait la tête et ne savait qu'inventer. Le bourgeois de Saint-Gall me demanda un jour, dans la bonne foi de son âme, de lui aider à trouver quelque chose qui pût satisfaire ceux qui les envoyaient. C'eût été vraiment fort piquant, mais c'était par trop difficile : une vie comme la nôtre ne fournissait rien à raconter, même à l'imagination la plus créatrice. »

La reine Hortense faisait de fréquentes courses dans les environs de Constance, cherchant un site favorable où elle établirait sa petite colonie; mais c'était surtout vers la Suisse que se dirigeaient ses projets. Les magistrats de Thurgovie, canton le plus voisin de Constance, firent dire à la Reine que si elle voulait se fixer dans leur pays, elle y serait soutenue par les autorités et par le peuple. Ce canton, comme tous ceux de nouvelle formation, était démocratique. Ce fut donc de ce côté que se tournèrent toutes les recherches de la Reine.

L'hiver était venu. C'est à cette époque que la reine Hortense commença à écrire ses *Mémoires*, legs destiné par elle à l'impartialité de l'histoire [1].

L'éducation du prince Louis était la première préoccupation de la Reine, comme sa tendresse pour lui était son sentiment le plus vif. Les maîtres manquant absolument dans ce pays, elle lui donnait elle-même les leçons d'agrément, de musique, de dessin et de danse.

Le soir, les lectures étaient toujours subordonnées à ses études du moment. Tantôt, c'était un voyage en rapport avec ce qu'il apprenait de

---

[1] Il ne nous a pas été possible de retrouver ces *Mémoires*. Par son testament, la reine Hortense les a laissés à Madame de Salvage, qui, avant sa mort, les a confiés à Mademoiselle Masuyer, en la chargeant de les remettre au prince Louis. Nous croyons donc qu'ils sont restés inédits, sauf les fragments qui se rattachent à l'année 1831, dont nous aurons l'occasion de citer des extraits.

géographie, tantôt des traits particuliers qui se rattachaient à l'histoire qu'il étudiait. Le samedi de chaque semaine, la journée entière de la Reine lui appartenait. On lui faisait répéter devant elle tout ce qu'il avait appris les jours précédents, et quoique souvent ce fût du latin ou toute autre chose aussi étrangère aux occupations de la Reine, elle voulait prouver à son fils, par l'attention qu'elle portait aux moindres détails, tout l'intérêt qu'elle attachait aux progrès qu'il faisait.

On s'étonnait de voir se développer avec rapidité chez le prince Louis des facultés qui, généralement, semblaient s'exclure : la vivacité spirituelle, la spontanéité intelligente, jointe au calme de la volonté et à la puissance du sang-froid. Le plus difficile de son éducation était de l'habituer à obéir. Tout le zèle de l'excellent abbé Bertrand échouait devant la tâche presque impossible de diriger le caractère indépendant de son élève, qui insistait toujours pour qu'on lui rendît raison de ce qu'on exigeait de lui.

Bientôt la reine Hortense reconnut qu'il était indispensable de soumettre son fils à une discipline plus sévère. Elle ne se sépara pas pour cela de l'abbé Bertrand, mais elle confia la direction des études de son fils à M. Lebas, homme rempli de savoir et de mérite, qui fut depuis professeur de grec à l'Athénée de Paris.

On permettait au jeune prince de jouer, pendant le temps de ses récréations, avec quelques-uns des enfants du voisinage. De ce nombre était le fils du meunier du pont du Rhin, dont la demeure de la Reine, à Constance, était assez voisine. Ce jeune garçon, plus âgé que le prince Louis, l'entraînait parfois hors des limites du jardin qu'il lui était interdit de dépasser. Un jour qu'il s'était échappé et qu'on avait tenté vainement de le rejoindre, on le vit revenir, une heure après, en manches de chemise et marchant les pieds nus dans la boue et dans la neige. La première personne qu'il rencontra sur son passage fut mademoiselle Cochelet, et il parut d'abord assez embarrassé d'être surpris dans un costume si peu conforme à sa tenue habituelle.

Aux questions faites par mademoiselle Cochelet sur ce désordre et sur ce qui avait pu lui arriver, il répondit d'un air ouvert et assuré : « Pendant que je jouais, non loin du jardin, j'ai vu passer une pauvre famille si misérable que cela faisait mal à voir. Je n'avais pas d'argent à donner à la mère, mais j'ai chaussé l'un des enfants avec mes souliers, et j'ai habillé l'autre avec ma redingote. »

On pourrait multiplier des citations de ce genre comme autant de traits de la bonté naturelle et des élans généreux de son cœur[1]. Lorsqu'on les rapportait à sa mère, elle ressentait la plus douce satisfaction, mais elle ne permettait jamais que l'on parlât en sa présence de ce qu'il pouvait avoir fait de bien.

Le séjour à Constance n'avait duré qu'un an,

---

[1] Plusieurs de ces traits de générosité, pris au hasard, sont cités dans notre *Étude sur Napoléon III*, p. 15 et suivantes. — Dumaine, libraire-éditeur de l'Empereur.

et ce repos, si court après l'orage, allait être de nouveau interrompu.

La grande-duchesse de Bade avait eu le vif désir de venir, avec son mari, visiter sa cousine. Le ministre de France en Suisse avait trouvé que ce projet d'entrevue entre deux femmes, deux parentes qui s'aimaient mutuellement, qui avaient été élevées ensemble, devait abriter quelque plan hostile à la monarchie bourbonienne. De là, de nombreuses démarches diplomatiques qui empêchèrent d'abord le grand-duc et sa femme de se rendre à Constance, puis qui l'obligèrent de congédier la Reine.

Il fut donc arrêté, de concert avec le prince Eugène, que sa sœur irait s'établir à Augsbourg, ville assez rapprochée de Munich pour qu'il pût l'y venir voir fréquemment. Il y avait, en outre, dans cette ville, un excellent collége et toutes les ressources que la Reine pouvait désirer pour l'éducation de son fils [1].

---

[1] Le prince Louis fit ses études en allemand dans ce collége, qu'il fréquenta pendant quatre ans avec assiduité.

La reine Hortense se voyant forcée de quitter, pour le moment, la ville de Constance, et ne voulant pas, cependant, renoncer à la pensée de revenir dans un pays qui lui plaisait autant et où elle s'était concilié la respectueuse estime des habitants, se décida à acheter Arenenberg. L'acte de vente en fut passé le 10 février 1817, moyennant une somme de trente mille florins.

Depuis ce moment, et à mesure que les agitations politiques commencèrent à s'apaiser, la Reine, plus libre de ses mouvements, put faire quelques excursions sans porter ombrage aux susceptibilités des puissances alliées. C'est ainsi qu'elle alla plusieurs fois à Rome visiter la plupart des membres de la famille de l'Empereur, qui s'y trouvaient réunis.

Le 5 mai 1821, Napoléon était mort sur le rocher de Sainte-Hélène.

« Lui, si grand de facultés et si grand d'âme [1],

---

[1] *La reine Hortense en Italie, en France et en Angleterre pendant l'année* 1831. Fragments de ses Mémoires inédits écrits par elle-même, p. 4. — A. Bourdillat et Cie, éditeurs.

qui voua son génie au bien-être des peuples et sembla les enchaîner pour briser à jamais leurs chaînes; lui qui préparait le siècle de la liberté en éclairant les nations et en introduisant dans nos mœurs comme dans nos lois le règne de l'égalité, il périssait dans une île malsaine et déserte, loin des siens, à la merci de ses ennemis, méconnu de la France, qu'il avait rendue si puissante et si prospère, de l'Europe, où chacune de ses conquêtes apportait des institutions regrettées aujourd'hui! Il n'avait pour toute consolation dans son isolement que l'avenir de gloire qu'il savait bien lui être réservé. Lui seul devait pressentir la justice qui lui serait rendue un jour, parce que lui seul comprenait tout le bien qu'il avait voulu faire. »

IV

La reine Hortense passait généralement la belle saison à Arenenberg, où le prince Eugène venait la rejoindre avec sa femme pendant l'été. Elle habitait Augsbourg pendant l'hiver. Bientôt le prince Eugène, pour partager le plus longtemps possible la solitude de sa sœur, fit bâtir une élégante maison de campagne à très-peu de distance d'Arenenberg. Cette douce intimité devait malheureusement avoir un terme beaucoup trop prompt.

Fixé irrévocablement dans les États de son beau-père, le prince Eugène avait reçu de lui le titre de duc de Leuchtenberg.

En 1818, ayant appris par le comte de Las Cases les indignes traitements dont Napoléon était l'objet à Sainte-Hélène, le prince Eugène écrivit à l'empereur Alexandre une lettre remarquable, dont voici un extrait [1] :

« Les journaux de divers pays rapportent que l'empereur Napoléon est privé des moyens de satisfaire aux premiers besoins de la vie, et que sa santé souffre des privations qui lui sont imposées.

« Ces rigueurs, si elles sont vraies, ne peuvent être dans l'intention des souverains, et ne sont pas, j'en suis sûr, dans celle de Votre Majesté.

« Dans le doute inquiétant où je suis placé, Sire, c'est pour moi un devoir d'appeler sur le sort

---

[1] *Mémoires et correspondance du prince Eugène*, par A. Du Casse, t. X, p. 278 et suivantes.

de celui qui fut l'époux de ma mère, qui fut mon guide dans la carrière des armes et de l'administration, et qui me combla de bontés, l'attention et l'intérêt de Votre Majesté. »

Au commencement de 1823, le prince Eugène fut frappé d'une première attaque d'apoplexie. « Ce triste accident, ajoute M. Du Casse, révéla aux yeux de tous combien cet excellent prince était apprécié et aimé. Pendant tout le cours du mois d'avril et pendant la première quinzaine de mai, les églises ne désemplissaient pas de fidèles priant le Très-Haut d'épargner les jours du gendre de Maximilien. Enfin, le mal fut conjuré, et le prince entra en convalescence. L'aînée de ses filles, Joséphine-Maximilienne-Eugénie, qui avait épousé, le 19 juin 1823, le prince royal de Suède, fit ses adieux à son père pour se rendre à Stockholm. Elle était accompagnée du général comte de Tascher de la Pagerie, qui n'avait pas quitté le service du prince, son parent, dont il était resté le fidèle aide de camp.

« Les eaux de Marienbad furent ordonnées au duc de Leuchtenberg, qui s'y rendit et se trouva bien de leur usage. Rentré à Munich à la fin d'août, le prince Eugène se plaignit de vertiges à la suite d'une longue chasse au sanglier, exercice pour lequel il avait conservé une grande prédilection. Depuis lors, et jusqu'au 21 février 1824, le mal ne fit qu'empirer. Pendant cette nuit du 21 février, il succomba, emportant dans la tombe les regrets universels. Eugène mourut sans avoir eu le bonheur de voir son fils, le prince Max de Leuchtenberg, devenir l'époux de la grande-duchesse Marie de Russie, fille de l'empereur Nicolas. »

La reine Hortense fut cruellement frappée par la perte de son frère bien-aimé. Elle renonça entièrement, depuis lors, à sa résidence d'Augsbourg, et Arenenberg devint désormais sa retraite de prédilection.

Nous trouvons, dans les *Fragments de ses*

Mémoires inédits [1], le passage suivant, écrit au sujet de la mort du prince Eugène : « J'eus la douleur de perdre le frère le plus parfait et le plus tendrement aimé. Il était dans la force de l'âge et de la santé. Déjà, dès l'année précédente, les symptômes de la crise terrible qui nous l'enleva plus tard nous avaient fait sentir toutes les angoisses d'une séparation éternelle. Présente à sa maladie, combien mon courage avait été mis à une terrible épreuve quand je l'avais vu mourant, abandonné des médecins; quand, seule, j'avais été chargée de lui faire faire ses dernières dispositions, et que j'avais encouragé à lui donner les remèdes qui le sauvèrent et nous le rendirent, pour quelques mois encore ! Quel temps heureux que ces quinze jours que nous passâmes ensuite en famille sur les bords du lac de Constance ! Comme un malheur qu'on vient d'éviter ajoute de jouissance à la vie ! comme elle s'embellit de tout ce

---

[1] *La reine Hortense en Italie, en France et en Angleterre,* page 5.

que le ciel nous laisse de bienfaits! Je puis dire qu'alors je sentais vivement le bonheur qui me restait ; toute autre infortune avait disparu. J'avais craint de perdre mon frère, mon ami, mon soutien, et je le conservais, et il m'était rendu ! Remplie de sécurité, je partis pour l'Italie, et c'est là que je reçus l'affreuse nouvelle qu'il était retombé malade, et que, traité de la même manière (par la saignée, qui, une première fois, lui avait été si contraire), doucement il sembla s'endormir... il n'existait plus!... »

V

La situation d'Arenenberg est une des plus riantes de cette contrée si pittoresque et si heureusement accidentée. La maison est bâtie sur le versant d'une colline, où des plantations d'arbres admirablement ménagées étendent leur ombrage, tout en laissant apercevoir, d'espace en espace, des points de vue ravissants. C'est ainsi que, d'un côté, l'on découvre la petite île de Reichnau, tapissée de vignes, et dont les chalets aux toits reluisants se reflètent et tremblent dans les eaux du lac. D'un autre côté, l'œil embrassant une plus vaste étendue, contemple le Rhin qui, s'échappant de son étroite demeure, se précipite au bas des cascades de Schaffouse pour entourer de sa ceinture bleue le plus riche paysage qu'on puisse imaginer. Plus loin encore, la vue se repose, d'un côté, sur les contours vaporeux de la Forêt-Noire, et de l'autre côté sur les tours et les clochers de Constance, qui se reflètent dans les eaux.

Dans les jardins d'Arenenberg, l'attention était attirée par la variété des plantes exotiques les plus rares; et, dans les salons de cette élégante demeure, le choix des objets d'art attestait le goût exquis de la reine Hortense.

Celle qui avait porté si dignement la couronne ne voyait plus autour d'elle une foule de courtisans, mais des amis fidèles et éprouvés. Elle n'oubliait pas non plus les amis absents et tous ceux qui, malgré sa fortune perdue, recevaient d'elle un généreux et constant appui.

Cette vie douce, méditative, rendit bientôt à la reine Hortense toute la sérénité de son caractère, toute l'animation naturelle de son esprit. Son aptitude passionnée pour les arts s'était réveillée, et le dessin, la musique, occupaient la meilleure partie de ses journées.

Les tristes souvenirs du passé, s'ils n'étaient point effacés, avaient du moins perdu leur âcreté. L'expérience avait, au contraire, appris à la Reine combien elle avait semé d'ingratitudes, d'odieuses défections sur sa route; mais elle ne pouvait se persuader qu'elle se fût fait des ennemis.

Elle disait à ce sujet : « Rien ne me paraît étrange comme d'entendre parler de mes ennemis. Comment ai-je pu en avoir, moi qui regardais comme mes amis tous ceux qui souffraient, moi qui me trouvais si heureuse de leur être utile ? »

Ces déceptions si irritantes n'avaient pas laissé de ressentiment dans son cœur, et lorsqu'un zèle maladroit rappelait en sa présence les calomnies dont on avait payé ses bienfaits, elle répondait :

« Il faut être indulgent; le monde est plus léger que méchant; il faut lui pardonner. »

Grâce à l'incomparable bonté de la reine Hortense, la vie était fort douce à Arenenberg. A travers tous les changements qui étaient survenus dans sa position, elle n'avait jamais renoncé à l'habitude de tutoyer toutes ses anciennes compagnes de la maison de madame Campan, et, bien qu'il n'y eût en elle aucune nuance d'orgueil, elle avait tant de supériorité native, qu'elle exerçait un ascendant tout naturel sur les personnes qui l'approchaient. En un mot, elle n'était pas moins Reine dans sa retraite que dans les palais qu'elle avait habités lorsqu'elle était sur le trône.

Arenenberg était devenu peu à peu, bien que se tenant dans l'ombre, le rendez-vous d'un grand nombre d'esprits d'élite. On y rencontrait, tantôt un poëte célèbre, tantôt un peintre distingué, tantôt un héroïque combattant de la Grande-Armée. Des littérateurs, des artistes, des étrangers de la plus haute distinction, remportaient tour à tour, de leur pèlerinage d'Arenenberg, une impression profonde de respectueuse sympathie pour l'auguste exilée.

Parmi les hôtes qui firent plusieurs fois un séjour prolongé au château d'Arenenberg, on doit nommer surtout la princesse de la Moskowa, veuve du maréchal Ney. Son beau et noble visage portait l'empreinte d'une tristesse grave et contenue. Elle était habituellement silencieuse, et les vêtements de deuil, qu'elle n'avait plus quittés depuis la mort de son mari, achevaient de donner une expression sévère à sa physionomie.

L'affection que la reine Hortense et la maréchale Ney avaient l'une pour l'autre était de celles que le temps ne peut jamais briser ni refroidir. Une source commune de malheurs, des souvenirs amers et douloureux mêlés aux riants souvenirs de leur adolescence, les larmes données par elles à la mort tragique de madame de Broc, sœur de la princesse de la Moskowa, étaient comme autant de liens qui resserraient leur étroite amitié.

La reine Hortense savait distribuer l'emploi de son temps de telle sorte que rien ne fût négligé, soit pour le bien-être, soit pour l'amusement des personnes qui la visitaient.

Son habitation, à laquelle on a donné le nom de château, n'avait rien cependant de l'aspect féodal des forteresses du moyen âge. On n'y voyait ni tourelles, ni hautes murailles couronnées de créneaux. C'était une construction moderne, d'une certaine élégance, et qui se prêtait à merveille au genre de vie qu'avait adopté la Reine. Un pavillon principal était habité par elle, par le prince Louis et par les dames qui composaient sa maison. Plus tard, la reine Hortense fit disposer, dans un corps de logis séparé, un appartement pour le prince Louis. On y reconnaissait sans peine, au choix des ornements, au soin et à l'arrangement des moindres détails, que la main prévoyante d'une mère avait dirigé cette simple et élégante installation.

Le rez-de-chaussée du pavillon qu'occupait la

reine Hortense était consacré aux salons de réception, à la salle de billard, à la bibliothèque, au cabinet de travail, qu'elle se plaisait à appeler son atelier. Cette suite d'appartements renfermait quelques rares chefs-d'œuvre des grands maîtres des diverses écoles de peinture. On y voyait aussi une collection d'objets précieux qui provenaient en partie de l'impératrice Joséphine.

En passant dans le salon qui précédait la bibliothèque, on s'arrêtait involontairement à la vue d'un admirable portrait en pied de l'impératrice Joséphine, dû au pinceau de Proud'hon.

L'Impératrice y était représentée, de grandeur naturelle, négligemment couchée sur un banc de gazon, dans un bosquet dont l'ombre bien ménagée tempérait l'éclat du jour. Cette figure pâle et gracieuse semblait trahir une souffrance intérieure.

On eût dit, en contemplant cette douce image, que déjà le chagrin lui avait appris la valeur réelle des grandeurs humaines. Le sentiment de résignation était si bien exprimé, si tendre, si pénétrant, qu'il était impossible que le spectateur n'en fût pas ému. Enfin, il n'y avait rien, dans ce portrait, qui rappelât le style quelque peu théâtral que l'on reproche à l'école française de cette époque. Tout y était simple, tout y était vrai, naturel.

Cette belle toile est maintenant aux Tuileries, dans l'appartement de l'Empereur.

D'autres portraits, notamment celui de Napoléon Ier, ornaient les pièces suivantes. On y trouvait aussi quelques bustes remarquables, entre autres celui de lord Byron, dont les ouvrages étaient familiers à la reine Hortense, car elle lisait l'anglais avec une grande facilité.

Au milieu du dernier salon, dont les fenêtres s'ouvraient sur de ravissants paysages, s'élevait sur un piédestal une statue qui représentait l'impératrice Joséphine. Ce marbre blanc, œuvre des plus remarquables de Bosio, était d'un effet saisissant. Du reste, en comparant ensemble le tableau et la statue, on reconnaissait entre l'une et l'autre de ces œuvres une grande similitude de pose et d'attitude.

S. M. Napoléon III a fait placer cette magnifique statue dans le grand escalier du château de Saint-Cloud.

A Arenenberg, chacun des visiteurs jouissait d'une entière liberté et employait à son gré les heures de la matinée. On faisait, d'ordinaire, quelques promenades ou excursions jusqu'au moment du dîner, et l'on passait alors, en commun, le reste de la soirée. A huit heures, on prenait le thé. La reine Hortense avait conservé cette habitude, aussi générale en Hollande qu'en Angleterre. Il ne faudrait pas cependant conclure de là que l'élégante et spirituelle colonie d'Arenenberg bornât l'emploi du temps à cette répétition uniforme des mêmes distractions. On avait organisé un théâtre de société, et l'on y représentait successivement des pièces choisies parmi les meilleures du Vaudeville, des comédies en un acte du Théâtre-Français, quelquefois enfin des opéras comiques.

LA REINE HORTENSE

La Reine ne se bornait pas à prendre part elle-même, avec un merveilleux talent, à ces représentations intimes. Afin de donner plus de variété à ce répertoire, elle choisissait souvent pour canevas un proverbe dont elle improvisait les rôles avec une rare habileté.

Quelquefois, après ces jeux de la scène, un bal improvisé complétait la fête, et la Reine encourageait avec une gracieuse bonté ces divertissements réservés surtout à ses jeunes hôtes.

L'art divin des Cimarosa, des Beethoven, des Mozart, des Rossini, était aussi fort cultivé à Arenenberg. De temps en temps, quelques virtuoses éminents, venus de l'Italie ou de l'Allemagne, sollicitaient la faveur d'être admis à se faire entendre dans ce cercle, où ils savaient qu'ils seraient appréciés par des juges très-compétents.

La reine Hortense n'était pas moins sensible aux beautés de la nature qu'aux créations de l'art. C'était avec un enthousiasme communicatif qu'elle parlait de cette pittoresque contrée où l'exil l'avait amenée. Mais il ne fallait pas prononcer en sa présence les mots *France*, *Sainte-Hélène* ou *Malmaison* au milieu de ces poétiques descriptions; car alors le regret de la patrie absente, l'image des malheurs de Napoléon et de Joséphine, venaient briser son cœur.

Pendant les belles journées du printemps ou de l'été, elle se plaisait à faire des excursions avec toute sa société, tantôt dans les bois et dans les forêts des environs, tantôt sur les montagnes, tantôt sur les eaux du lac. Un yacht élégant avait été construit pour cette dernière destination. Lorsque, les jours de fête, on faisait de la musique sur cette légère embarcation, on voyait accourir de jeunes paysannes toutes resplendissantes du clinquant dont leurs coiffures étaient chargées. Elles s'élançaient follement avec leurs fiancés dans les premières barques disponibles qu'elles rencontraient sur le rivage, et, tous ensemble, poussaient à force de rames leur petite flottille de façon à entourer le yacht de la reine Hortense.

LA REINE HORTENSE

La différence des saisons amenait naturellement des modifications dans la manière de vivre de la Reine et de ses hôtes. Pendant les courtes journées de l'automne ou les froids vifs de l'hiver, les dames sortaient peu de la maison ; les hommes allaient à la chasse, et tout le monde se réunissait le soir. Une conversation, toujours animée, se prolongeait au delà du dîner et s'arrêtait à cette limite imperceptible qu'on ne peut franchir sans ressentir la lassitude de l'esprit. On se dispersait alors en petits groupes autour des tables chargées d'ouvrages de femmes, de livres, de keepsakes, d'albums de dessins, et chacun s'occupait suivant son aptitude.

On admirait, au milieu de cette profusion de beaux livres, un magnifique album, ouvrage de la reine Hortense. Ce recueil contenait une série de portraits esquissés de souvenir ou d'après nature, des sites de France ou d'Allemagne, des vues intérieures des divers appartements qu'elle avait habités, et dont le souvenir lui était resté cher.

Toutes ces compositions, retracées, pour la plupart, au vol de la pensée, étaient empreintes d'une fidélité de reproduction qui attestait la vivacité de ses souvenirs.

A côté de ces œuvres, dues au pinceau de la reine Hortense, se montraient d'autres recueils d'esquisses exécutées avec talent par quelques-uns de nos meilleurs peintres français. L'une d'elles retraçait une scène rendue avec autant de grâce que de sentiment.

On voyait la Reine assise parmi les ruines de Rome, entourée de plusieurs dames de sa maison ou de son intimité, gracieusement groupées autour d'elle. Puis, Casimir Delavigne, l'un des hôtes les plus assidus d'Arenenberg, debout, lui lisant une tragédie.

Le sujet et le lieu de la scène, s'il se fût agi d'une femme ordinaire, auraient peut-être paru indiquer une pensée un peu recherchée; mais l'image de la reine Hortense s'y trouvait parfaitement à sa place. Les idées de tragédie et de ruines avaient été trop étroitement associées à l'histoire de son passé pour n'être pas en harmonie avec la figure qui formait l'intérêt principal de cette composition.

En résumé, on peut véritablement dire qu'Arenenberg était devenu, grâce à la présence de la reine Hortense, l'asile du goût le plus pur, de l'esprit le plus délicat, des sentiments les plus élevés.

Loin du faste des cours et renfermée dans un cercle comparativement restreint, elle savait qu'il y avait là, autour d'elle, des cœurs dévoués, des âmes d'élite qui avaient renoncé à tout pour vivre à ses côtés.

Et comment, en effet, n'aurait-elle pas été aimée, chérie de toutes les personnes qui l'approchaient? Qui pouvait justifier mieux qu'elle cet attachement profond, inaltérable, contre lequel toutes les vicissitudes du sort sont sans pouvoir? Ce n'était pas seulement son esprit qui répandait tant de charme sur les rapports, même de simple société, établis entre elle et ceux qu'elle admettait dans sa retraite. Elle avait de plus cette grâce naturelle et charmante, cette spontanéité d'impression qui va au-devant de l'esprit d'autrui et s'applique à le faire valoir. Elle savait écouter, elle savait se souvenir, facultés précieuses pour les femmes de son rang.

A cette époque de sa vie, la reine Hortense, quoique éprouvée par tant de revers, avait conservé cette limpidité du regard, cette expression de physionomie si vive, si mobile, si douce et si touchante, qui révélaient toute son âme. Elle avait toujours une blancheur, une pureté de teint inaltérables. On n'aurait pu imaginer une taille plus élégante, des pieds et des mains d'une perfection plus achevée. Son maintien, le timbre de sa voix, tout enfin était d'accord avec l'expression angélique de ses traits.

Nous ne pouvons mieux compléter ces quelques pages sur Arenenberg, que par les lignes suivantes, écrites par M. Mocquard, depuis sénateur, chef du cabinet et secrétaire de l'Empereur.

« C'est là, dit-il [1], c'est à Arenenberg que le repos qui fuyait la reine Hortense est venu la trouver, et que, partagée entre ses talents et ses vertus, elle charme l'exil par les arts, et s'efforce d'acquitter la dette de l'hospitalité par la bienfaisance. Là aussi, environnée de respect et d'estime, elle obtient une justice que ses compatriotes passionnés lui ont souvent refusée. Qu'elle attende; la vérité est fille du temps. Le jour arrivera. Jusque-là, qu'elle laisse au public, qui en revient tôt ou tard, ses préventions passagères, satisfaite des témoignages de ceux qui l'ont assez approchée pour la juger, assez connue pour la chérir. Les autres, maladroits autant qu'injustes, en ont dit trop de mal pour n'en pas faire croire du bien. Nous ne parlons pas ici de ces agréments infinis, de ces qualités brillantes qui ornent le mérite et ne le font pas. Le véritable, pour une princesse, c'est

---

[1] *Revue de l'Empire*, 5ᵉ année (1846), p. 305 et suivantes.

d'avoir été simple dans sa grandeur, courageuse dans sa propre adversité, comme dévouée dans celle des autres; secourable à toutes les infortunes avec cet empressement qui va les trouver, avec cette manière de répandre les grâces qui est comme un second bienfait, avec cette affabilité prévenante qui, sans jamais être un oubli du rang, est l'art suprême de le faire pardonner. En un mot, elle peut rendre compte d'une prospérité qu'elle n'a eue que pour les autres, et la patrie seule excite ses regrets. Quant au trône et aux grandeurs évanouies, elle dit souvent : « J'ai mieux que tout cela, j'ai encore des amis. »

Une anecdote qui caractérise la nature affectueuse et dévouée des rapports de M. Mocquard avec les exilés d'Arenenberg, se rattache à la notice écrite par lui sur la reine Hortense, et dont nous venons d'extraire les lignes qui précèdent.

M. Hippolyte Castille la rapporte ainsi qu'il suit dans ses *Portraits historiques* [1] : « Une biographie

---

[1] Page 19 et suivantes. — Dentu, éditeur, Palais-Royal.

de la reine Hortense avait paru dans la *Biographie des Contemporains*, de MM. de Jouy et Arnaud ; M. Mocquard, la trouvant insuffisante, en fit paraître anonymement une autre où pleine justice était rendue à la Reine, qui fut la meilleure des mères et la plus charmante des femmes.

« Comme on ignorait le nom de l'auteur, on l'attribua à un historien de l'empire, M***, qui reçut un présent magnifique, et l'imputa sans doute à ses anciens écrits.

« Peu de temps après, M. Mocquard se trouvait à Arenenberg. Le prince Eugène, après avoir causé avec lui, resta un instant seul dans sa chambre, et ayant, par hasard, jeté les yeux sur des papiers étalés sur une table, quelle ne fut pas sa surprise en reconnaissant le manuscrit de la biographie de la reine Hortense, écrit de la main de M. Mocquard. Il courut en informer sa sœur, et quand l'auteur anonyme de la notice les vint rejoindre, il fut accueilli d'une manière piquante.

« — Comment! s'écria la reine Hortense, c'est ainsi que vous trahissez vos amis!

« — Mais!... fit M. Mocquard surpris..., que voulez-vous dire?...

« — Oui, ajouta le prince Eugène, et il faut le punir; donnons-lui la montre de notre mère.

« L'énigme fut expliquée, et M. Mocquard conserva précieusement ce don touchant qui lui rappelait de si affectueux souvenirs.

« Les visites de M. Mocquard se renouvelèrent et devinrent bientôt une douce habitude. Dès que les vacances du barreau lui permettaient de quitter Paris, il s'empressait d'accourir à Arenenberg. Peu à peu l'hôte devint un partisan, l'amitié se transforma en dévouement, et ce dévouement resta inaltérable. »

VI

Nous venons de retracer le tableau aussi fidèle que possible de la vie de la reine Hortense à Arenenberg. Ces jours paisibles se continuèrent jusqu'en 1830. Mais à cette époque, la révolution de Juillet vint à éclater, et le contre-coup s'en fit sentir dans l'Europe entière.

« Cette révolution, dit la reine Hortense dans les *Fragments de ses Mémoires inédits* [1], trouva

[1] Pages 9 et 10.

l'aîné de mes fils au milieu de ses inventions pour l'industrie, qui, faute de mieux, l'occupaient depuis son mariage [1], et le plus jeune à l'école militaire de Thünn, où il suivait les cours d'artillerie et du génie.

« Tous deux semblèrent renaître au bruit des événements de Paris. Quoique séparés, leurs impressions furent les mêmes. Vifs regrets de n'avoir pas pu combattre avec les Parisiens, enthousiasme pour leur héroïque conduite, et légitime espoir de servir cette belle France qu'ils chérissaient tant. Ils me disaient : « Elle est enfin libre! l'exil est fini, la patrie est ouverte; n'importe comment, nous la servirons! » Voilà ce qui remplissait toutes leurs lettres. J'étais loin de partager leurs espérances. »

En effet, les événements qui suivirent la révo-

---

[1] Le prince Napoléon avait épousé la princesse Charlotte, sa cousine, seconde fille du roi Joseph, et il vivait à Florence, près de son père, le roi Louis. La princesse Charlotte est morte en 1839 sans laisser d'enfants.

lution de 1830 ne tardèrent pas à donner raison à la reine Hortense.

En 1831, un soulèvement eut lieu dans la Romagne. Cette insurrection semblait devoir envahir l'Italie tout entière. Les deux princes n'hésitèrent pas à se rendre aux vœux qui, de toutes parts, les appelaient à la tête du peuple armé pour s'affranchir du joug de l'étranger.

Mais bientôt, cédant devant les nombreux bataillons autrichiens, ils durent, après des prodiges de valeur, battre en retraite sur Forli.

Nous avons raconté, dans un autre travail [1], toutes les angoisses de la Reine pendant les péripéties de cette lutte inégale; nous avons redit les paroles déchirantes de cette pauvre mère lorsqu'elle apprit que son fils Napoléon venait d'expirer, emporté par une inflammation de poitrine. Elle était alors sur la route de Forli, à la recherche de ses enfants. On l'emporta inanimée sur un lit

[1] *Étude sur Napoléon III*, p. 23 et suivantes. — Dumaine, libraire-éditeur de l'Empereur.

à Pesaro, et c'est là que le dernier de ses fils, le prince Louis, vint, désespéré, se précipiter dans ses bras.

« Ah! s'écrie la reine Hortense, en rappelant cette heure fatale et cruelle, le désespoir d'une mère est éternel! Rien ne le calme, rien ne le diminue. L'unique consolation d'une mère est dans l'espoir du peu de durée de son existence. Mais dans ce moment affreux, je me souviens, ajouta-t-elle, que l'état dans lequel j'aperçus le fils qui me restait, me força seul à rappeler mon courage. Il fallait le sauver, lui qui perdait le tendre compagnon de sa vie, lui qui voulait mourir aussi! J'ignore encore où j'ai pu trouver la force qui m'a été nécessaire; mais enfin, je l'ai eue. »

Oui! la reine Hortense eut cette force sublime des mères qui adorent leurs enfants; elle put soustraire son dernier fils, le prince Louis, qui était alors gravement malade de la rougeole, à toutes les investigations des Autrichiens, et après avoir couru mille dangers, elle mit enfin le pied sur le sol français, et revit cette patrie d'où une loi cruelle l'exilait encore, elle et les siens.

« Je couchai à Cannes, dit la Reine [1]; c'est là que l'Empereur avait débarqué de l'île d'Elbe; c'est de là qu'avec une poignée de soldats et porté par toute la population, il était remonté si facilement sur ce trône que les Français avaient soutenu avec tant de persévérance et que les étrangers l'avaient forcé d'abandonner une seconde fois. Que les temps étaient changés ! Maintenant, l'Empire tant calomnié avait été oublié ! le besoin de liberté semblait remplacer tous les besoins de la nation.

«....... Me plaçant donc en dehors de la politique, je n'avais qu'une conduite à tenir. La loi d'exil que je devais respecter n'avait été faite que dans l'intérêt du nouveau souverain. C'était lui seul qui devait connaître que la force des circonstances m'avait contrainte à l'enfreindre. Aussi,

[1] *La reine Hortense en Italie, en France et en Angleterre*, p. 162 et suivantes.

je comptais passer par Paris, ne m'y arrêter que le temps nécessaire pour voir le Roi, et lui apprendre moi-même mon passage et mon désir de retourner en Suisse.

« Toutes les relations que j'avais pu avoir avec lui avaient été bienveillantes. Il n'ignorait pas que je m'étais occupée du sort de sa mère en 1815, que j'avais des lettres d'elle qui m'en remerciaient, ainsi que sa tante, la duchesse de Bourbon. Voyant mon frère en 1814, il lui avait appris qu'il était l'ami de son père lors de l'Assemblée constituante. Il avait fait dire à la grande-duchesse de Bade que je pouvais compter sur son appui. On me l'avait toujours peint enthousiaste de l'Empereur. On annonçait qu'il faisait remettre sa statue sur la colonne! Que de raisons pour ne pas douter d'un bon accueil! D'ailleurs, la loyauté de ma conduite, en allant le voir, devait lui prouver qu'étrangère à tout ce qui pouvait diviser mon pays, je savais me soumettre à ses décrets.

« Mon fils, toujours instruit de toutes mes pensées, les approuvait. Depuis que nous voyagions en France, je le voyais sortir un peu de sa morne tristesse. Aussitôt arrivé dans une auberge, il allait se promener dans les rues, s'arrêtait dans les cafés, causait avec tous les gens qu'il rencontrait, et venait avec une sorte de plaisir me raconter ses conversations.

« ..... Un matin, il vint, un papier à la main, me montrer une lettre qu'il écrivait au roi des Français. Je la lus, elle était bien. Mais je n'approuvais pas cette démarche. Mes enfants, traités sans égard, abaissés constamment par tous les gouvernements, même par ceux qui devaient tant à leur oncle, conservaient à la France toute leur affection. Les yeux toujours tournés vers elle, occupés sans cesse des institutions qui peuvent la rendre heureuse et libre, ils savaient que les peuples seuls étaient leurs amis, la haine des grands le leur avait assez appris. Se résigner au choix du peuple français était donc un devoir, mais se vouer à la France était un besoin.

« Mon fils, électrisé par la vue de cette patrie qu'il aimait tant, n'avait qu'un désir, c'était d'y rester, de la servir, même comme simple soldat. C'était le but de sa demande.

« Il était bien loin, certes, de pouvoir se persuader encore que le gouvernement français abandonnerait, en Italie et ailleurs, la cause des peuples qui n'avaient fait qu'imiter sa révolution. Mais ma froide raison ne pouvait partager cette illusion.

« ..... Toute la route que je parcourais, était pour moi remplie de souvenirs. En passant à Nemours, je me rappelai qu'à la fin de 1809 l'Empereur fit dire, par le télégraphe, à mon frère de se rendre à Paris. Il m'avait engagée à aller au-devant de lui. Je le rencontrai à Nemours, et là je lui appris que le divorce de l'Empereur venait d'être décidé; sacrifice immense, que ma mère faisait au bonheur de la France et de son époux. Ses enfants, animés du même sentiment, durent l'imiter, et, avec le même désintéressement, ils renoncèrent, mon frère, au trône d'Italie, qui lui était assuré si l'Empereur n'avait pas d'enfants, et moi à celui de France, dont mes fils étaient alors les seuls héritiers [1].

« A Fontainebleau, je voulus montrer à mon fils ce palais, témoin de la plus grande gloire qu'on puisse imaginer ; ce palais que nous habitâmes après la paix de Tilsitt, au milieu des fêtes qui se succédaient et des hommages des princes étrangers qui accouraient pour implorer la paix de leur vainqueur. Le pape y vint une fois de plein gré et une autre fois contraint ; et l'Empereur lui-même, si grand et si puissant, s'y vit forcé d'abdiquer cette même couronne que tant de victoires, de bienfaits et de vœux avaient placée sur sa tête.

« Là aussi je pus montrer à mon fils l'endroit où il fut tenu sur les fonts baptismaux par l'Empereur. Quelques domestiques du château étaient encore les mêmes ; quoique persuadée que je devais être bien changée depuis tant d'années, j'avais pourtant la précaution de tenir mon voile noir toujours baissé !

---

[1] Le roi Joseph, aîné des frères de l'Empereur, n'avait pas d'enfants mâles.

« Mon fils faisait les questions qui pouvaient nous intéresser.

« J'entendais si souvent répéter mon nom à propos des divers appartements que j'avais habités, qu'il était évident qu'on était resté fidèle au souvenir de notre temps. Je retrouvais tout comme je l'avais laissé. Le seul changement qui me frappa fut le jardin anglais planté par nous, et qui était devenu si grand et si magnifique, qu'il me fit faire un soupir en pensant à la longueur du temps qui l'avait fait croître et qui m'avait séparé de la patrie ! Hélas ! et il fallait encore en vivre éloignée !...

« Enfin, j'arrivai à la barrière de Paris. Je mettais une sorte d'amour-propre à montrer par son beau côté cette capitale à mon fils, qui devait à peine s'en souvenir. Je dis au postillon de nous mener, par le boulevard, jusqu'à la rue de la Paix, et de s'arrêter au premier hôtel venu. Je repassais par le même chemin où seize ans auparavant, escortée d'un officier autrichien, je quittai, le soir, cette ville d'où les alliés m'expulsaient à la hâte, tellement redoutée par eux, faible femme que j'étais, avec mes deux jeunes enfants, que de distance en distance la troupe ennemie était sous les armes pour protéger, disait-on, notre passage. Le peuple, humilié, agité, qui prenait, dans ce moment, pour signe de ralliement un œillet rouge, était plus à redouter pour eux que pour nous.

« Le hasard nous conduisit à l'hôtel de Hollande. J'occupais le petit appartement du premier. De là, je voyais le boulevard et la colonne de la place Vendôme.....

« ..... Assise à la fenêtre de ce petit appartement, j'oubliais qui j'étais, ce que je venais de fuir, ce que je venais chercher. Je voyais des Français passer et repasser devant moi. J'étais dans cette capitale où j'avais habité des palais; je ne les regrettais pas. Je n'enviais pas le sort de ceux qui y demeuraient, et mon ambition eût été satisfaite de vivre là, ignorée, oubliée pour le reste de mes jours... »

LA REINE HORTENSE

A peine arrivée à Paris, la reine Hortense reçut la visite de M. Casimir Périer, alors président du conseil des ministres.

La Reine lui dit : « Je sais bien que j'ai transgressé une loi ; j'en ai pesé toutes les chances. Vous avez le droit de me faire arrêter, ce serait juste. »

Il lui répondit : « Juste, non ; légal, oui ! »

Mais bientôt, la réserve officielle dont il s'était enveloppé au commencement de cette entrevue se modifia, et le lendemain au soir le général d'Houdetot, l'un des aides de camp du roi, vint chercher la reine Hortense pour la conduire au Palais-Royal.

Lorsqu'elle fut assise, seule dans un appartement particulier, le général d'Houdetot alla prévenir le Roi.

« Il fut poli, gracieux même, dit la reine Hortense [1] ; il me parla de l'exil de notre famille comme lui pesant sur le cœur. — « Je connais toutes les douleurs de l'exil, ajouta le Roi, et il ne

---

[1] *La reine Hortense en Italie, en France et en Angleterre*, p. 182 et suivantes.

tient pas à moi que le vôtre n'ait déjà cessé. »

« Je lui exprimai la douceur que je trouvais à revoir la patrie, mais je lui dis que je ne venais pas dans l'espoir d'y rester ; que je concevais les positions difficiles comme la sienne ; qu'il pouvait juger le temps où la France serait ouverte à tous ses enfants.

« — Le temps n'est pas loin, dit le Roi, où il n'y aura plus d'exilés ; je n'en veux aucun sous mon règne. »

« Il me parla de son propre exil, de la fâcheuse position où il s'était trouvé, forcé de donner des leçons. Je lui dis que je le savais, et que c'était une gloire pour lui.

« Je lui appris que mon fils était avec moi. Il s'en était douté, et me recommanda de ne laisser supposer à personne notre arrivée, car il l'avait même cachée à son ministère, et tenait à ce que tout le monde ignorât notre passage. Je lui en donnai ma parole, et je l'ai tenue. »

Le Roi témoigna ensuite à la reine Hortense tout

le plaisir qu'il aurait à l'obliger, en la priant de vouloir bien lui en indiquer les moyens.

« — Je n'ignore pas, ajouta-t-il en terminant cet entretien, que vous avez de légitimes réclamations à faire, et que vous en avez vainement appelé à la justice de tous les ministères précédents. Écrivez-moi une note de tout ce qui vous est dû et que vous enverrez à moi seul. Je m'entends en affaires, et je vous offre de me charger des vôtres. »

« Il s'excusa aussi de ne pas venir me faire une visite, à cause de sa nouvelle position et du secret de mon voyage, et il me demanda si je voulais voir sa femme et sa sœur. Il les amena toutes les deux, et se retira.

« L'air de bonté, de distinction, de simplicité de la Reine me plut extrêmement. Ma douleur s'épancha davantage dans le sein d'une tendre mère de famille. Je lui racontai toutes mes angoisses pour sauver le seul fils qui me restait : il me coûtait trop de parler d'autre chose que de ce qui remplissait mon âme. La Reine me comprenait si bien, ainsi que sa sœur, et leur intérêt était si affectueux, que j'aurais pu me croire au milieu de ma famille. Je me sentais si malheureuse, que leurs consolations me firent du bien. »

En rentrant à l'hôtel de Hollande, où ses domestiques l'avaient fait passer pour une dame anglaise, afin de ne pas trahir son incognito, la reine Hortense trouva son fils malade ; il avait une fièvre très-forte, et un médecin, M. le docteur Balancier, appelé en toute hâte, ne put se prononcer sur le caractère que prendrait cette maladie.

Voilà donc la Reine obligée de retrouver, dans ces pénibles circonstances, assez de force et de courage pour soigner son fils sans succomber elle-même à tant de secousses répétées. Les seules interruptions à ces soins furent quelques entrevues avec M. Casimir Périer.

Il fut convenu entre ce ministre et le Roi que la reine Hortense irait à Londres ; que, de là, elle écrirait au Roi une lettre qui serait communiquée au conseil des ministres, pour demander l'autorisation d'aller prendre les eaux de Vichy.

La reine Hortense adhéra à ces dispositions; mais lorsque M. Casimir Périer lui dit que si, plus tard, le prince Louis-Napoléon acceptait du service en France, il faudrait qu'il quittât son nom, elle put à peine contenir son indignation; et, quand elle rendit compte à son fils de sa conversation avec M. Casimir Périer, le prince s'écria avec véhémence : « Quitter mon nom ! qui oserait me faire une pareille proposition? Ne pensons plus à rien de tout cela, retournons dans notre retraite. Ah ! vous aviez raison, ma mère !... »

Bien que le Prince fût assez gravement malade, le médecin ne l'avait pas déclaré en danger; cependant, malgré tous les soins qui lui étaient donnés, sa gorge restait toujours enflammée.

Le 5 mai 1831, la foule se dirigeait, silencieuse et recueillie, vers la colonne Vendôme. La reine Hortense était heureuse de voir, de la fenêtre de son hôtel, tout ce peuple apportant des fleurs et des couronnes au pied de ce monument national.

A ce moment, l'apparition du général d'Houdedot vint changer le cours de ces impressions.

« — Madame, lui dit-il, il faut partir à l'instant; vous ne pouvez demeurer plus longtemps ici; j'ai ordre de vous le dire; à moins qu'il n'y ait positivement risque pour la vie de votre fils, il faut partir. »

« Cette manière d'agir avec moi, dit la reine Hortense, me fit pitié [1]. C'était, en vérité, me montrer trop de faiblesse et me faire croire à trop de force de ma part. Quel effroi devais-je causer pour qu'on passât ainsi par-dessus toutes les lois de la bienséance et de l'humanité! J'excusai pourtant un procédé si peu en rapport avec le bon accueil que j'avais reçu, par considération pour la crainte nouvelle qu'avait dû produire tant d'empressement à la colonne. Mais moi, qui n'avais de

[1] *La reine Hortense en Italie, en France et en Angleterre*, p. 212 et 213.

crainte que pour la santé de mon fils, et d'occupation que celle de le soigner, je trouvai cruel que les inquiétudes de la politique vinssent encore me chercher au milieu de la solitude et de mes nouveaux tourments. »

La reine Hortense partit donc pour l'Angleterre. Quoique souffrant encore beaucoup, son fils avait bien supporté le voyage ; mais, arrivé à Londres, une jaunisse des plus fortes se déclara.

Dans cette ville, la Reine et les siens ne pouvaient passer pour une famille anglaise, comme cela avait eu lieu à Paris. Aussi reprit-elle son nom dans l'hôtel où elle résida, et ses domestiques dirent qu'elle arrivait de Portsmouth, où l'avait débarquée un paquebot venant de Malte.

Pendant son séjour en Angleterre, la reine Hortense fut l'objet des attentions les plus délicates de la part des ministres et de la haute société de Londres.

Des hommes considérables, des femmes portant

les plus grands noms de l'aristocratie anglaise, tinrent à honneur, les uns de lui présenter leurs hommages, les autres de lui offrir leurs services.

Le duc d'Hamilton, lord Holland, M. Fox, la duchesse de Bedford, la marquise de Douglas, la comtesse de Glengall, lady Grey, se mirent avec empressement à la disposition de la Reine pour lui faire les honneurs du pays.

Il nous faudrait citer presque toute la haute société de Londres, si nous voulions nommer toutes les personnes distinguées qui s'empressaient de rechercher et d'accueillir la reine Hortense et son fils.

Sa Majesté ne put cependant refuser la fête splendide que la duchesse de Bedford donna en son honneur dans son magnifique château de Wooburn-Abbey, situé à quarante milles de Londres. Les jardins étaient remplis par l'élite de la société.

« Je n'avais jamais vu, dit la Reine dans les *Fragments de ses Mémoires inédits*, autant de jolies femmes. La maîtresse de la maison fut parfaitement gracieuse pour moi ; elle insista beaucoup pour me faire visiter sa terre, un des lieux les plus beaux de l'Angleterre, et où je pourrais juger des agréments de leur vie de château.

« Chacun mettait une sorte d'amour-propre à me donner une idée de cette splendeur inconnue ailleurs. Un souverain seul peut réunir les soins, l'élégance et le luxe répandus dans les châteaux des grands seigneurs anglais. »

Rentrée à Londres, la reine Hortense y reçut encore les hommages du prince Léopold, à qui le trône de Belgique venait d'être offert. Elle reçut également la visite de sa nièce, la princesse Amélie, impératrice du Brésil, qui venait d'arriver en Europe.

Le 1er août 1831, le prince Louis était rendu à la santé, et M. de Talleyrand, à qui un courrier venait d'apporter l'ordre de délivrer à la reine Hortense des passe-ports pour se rendre en Suisse en traversant la France, fit annoncer cette nouvelle à Sa Majesté par la duchesse de Dino. « Elle fut, dit la Reine, spirituelle et gracieuse, comme je l'avais toujours vue. »

Il n'était plus question de Vichy, et le silence du général d'Houdetot, qui n'avait pas répondu à une dernière communication de la reine Hortense, prouvait qu'on redoutait de la voir séjourner de nouveau à Paris. Elle hésitait encore, mais son incertitude cessa lorsque son fils lui dit : « Si nous allons à Paris et si je vois sabrer le peuple devant moi, certainement je ne résisterai pas, je me mettrai de son côté. »

La reine Hortense quitta l'Angleterre, décidée à tourner Paris sans y entrer. Elle s'embarqua le 7 août. La mer était calme, la traversée fut heureuse.

Rentrés en France pour quelques jours, la Reine et son fils s'attachaient à visiter tous les lieux qu'ils traversaient avec cette affection profonde que l'exilé porte à la terre maternelle qu'il est obligé d'abandonner.

« Depuis seize ans que je vivais en pays étranger, dit la Reine [1], je n'avais parlé ma langue qu'avec les personnes de la société que je voyais. J'étais donc forcée de demeurer indifférente à tout ce qui se passait autour de moi. A présent, pendant mon voyage, je jouissais d'entendre tout ce que disait le peuple dans les villes, les paysans dans les campagnes. Je n'étais plus étrangère ici, et cette idée était remplie de douceur.

« Aussitôt arrivée dans une auberge, j'allais à pied avec mon fils; j'entrais dans une boutique, je m'asseyais, je trouvais du plaisir à causer avec tout le monde. Un autre jour, c'était dans la rue même que j'arrêtais un enfant, que je le caressais, que je questionnais ses parents sur ses études, et dans la campagne un cultivateur sur sa récolte. Je trouvais à chacun de l'esprit, des réparties vives et originales, et j'éprouvais une sorte de satisfaction à m'identifier aux intérêts

---

[1] *La reine Hortense en Italie, en France et en Angleterre*, p. 257 et suivantes.

de tous ceux auxquels j'adressais des questions. »

A Chantilly, à Ermenonville, à Morfontaine, la reine Hortense retrouvait les souvenirs de sa grandeur passée ; mais à Saint-Denis, son cœur déborde et ses regrets se manifestent avec une expression des plus touchantes.

« A Saint-Denis, écrit-elle, j'eus encore des souvenirs particuliers ; c'était sous ma protection immédiate que cette institution de jeunes filles de Légionnaires avait été établie. Voilà la seule royauté que j'eusse regrettée. Je n'osai m'y montrer, j'y connaissais encore trop de monde ; mais j'allai dans l'église, et je descendis dans les caveaux ; quelques étrangers, curieux comme nous, nous y suivirent. Louis XVIII, seul des rois de sa dynastie, reposait sous ces voûtes que l'Empire avait vu restaurer pour y placer la nouvelle famille adoptée par la France. Et, étrange effet des vicissitudes humaines, son chef demeurait au pouvoir des Anglais, et tout le reste devait mourir dispersé sur la terre étrangère !

« .... Mon fils aurait bien désiré aller à Saint-Leu, lieu témoin de sa première enfance ; j'aurais trouvé là des tombeaux qui m'étaient chers ; mais c'était trop m'éloigner de ma route, il fallait y renoncer. D'ailleurs, revoir cette campagne créée par moi, qui avait été récemment témoin de la mort affreuse d'un vieillard [1], et devenue la propriété d'une autre personne, c'eût été aller chercher une impression trop pénible.

« Je tournai donc Paris par le chemin de la Révolte, et je continuai ma route jusqu'à l'église de Rueil, où se trouve le tombeau de ma mère [2]...»

« ..... Je m'éloignai enfin de cette France, dont le souvenir m'avait toujours été si doux, de cette patrie qui nous faisait encore expier par une plus longue séparation d'elle l'honneur de porter un nom dont la gloire s'associe à ses plus hautes gloires, un nom dont le bruit seul paraissait une

---

[1] Le duc de Bourbon.
[2] Les paroles touchantes prononcées par la reine Hortense, lors de sa visite à Rueil et à la Malmaison, sont reproduites dans le chapitre IV : *Les Tombeaux*.

forcé aux yeux de l'étranger. Elle ne cessera jamais pourtant, comme elle n'a jamais cessé, d'être, cette patrie, l'objet de mes plus vives, de mes plus tendres affections. Frappée au cœur par la plus inconsolable des douleurs, la perte d'un fils, j'avais trouvé, en revoyant la France, même sous le poids de la proscription, un intérêt dont je ne me croyais plus susceptible. Ce mouvement forcé et cette occupation constante de la pensée avaient été une puissante distraction à mes chagrins ; mais une loi cruelle me forçait à renoncer à voir mon pays plus longtemps. L'Italie aussi me devenait fermée puisqu'elle l'était à mon fils.

« La Suisse, au moins, me restait encore. La Suisse avait été mon premier asile au moment où l'effroi des puissances alliées poursuivait notre nom ; c'était là que j'avais trouvé un point de repos après nos grands revers. Un des cantons, celui de Thurgovie, avait eu le courage de me conserver, en dépit des menées diplomatiques, malgré les persécutions de tous genres dont j'avais été l'objet de la part de la Restauration. J'avais goûté quelques moments plus calmes au milieu de cette nature si belle, de ces habitants si simples, de ces cœurs si dévoués. Je venais redemander à cette terre paisible une retraite qui ne m'est du moins plus contestée. Après des malheurs plus cruels que ceux qui m'accablaient lorsque j'y vins pour la première fois, je revis mes montagnes et je me trouvai livrée enfin à moi-même avec toutes les blessures de mon cœur. »

VII

La reine Hortense avait alors auprès d'elle deux dames de compagnie, mademoiselle Masuyer et mademoiselle de Périgny. Madame Salvage de Faverolles, qui fut son exécutrice testamentaire, était sa première dame et possédait toute sa confiance.

Mademoiselle Cochelet, devenue la femme du commandant Charles Parquin, habitait une pro-

priété voisine d'Arenenberg, le château de Valf-
berg. Elle y mourut le 7 mai 1835.

La reine Hortense était à Genève avec son fils, lorsque son amie d'enfance, sa fidèle compagne, rendit le dernier soupir.

Dans cette douloureuse circonstance, la Reine écrivit au commandant Parquin la lettre suivante :

« Mon cher monsieur Parquin, j'apprends avec le plus vif chagrin la mort de votre pauvre Louise; vous devez penser que je la regrette bien sincèrement. C'est avec elle que j'ai quitté la France, et son attachement a toujours été pour moi une consolation. C'est sur sa fille, comme je le lui ai promis, que je reporterai les sentiments que je lui avais voués. J'espère que vous avez du courage pour supporter cette cruelle perte, et que la pauvre petite Claire se porte bien. Il me tarde de la revoir. Dites-lui bien qu'elle peut compter sur moi. Je savais Louise malade; mais j'étais loin de m'attendre à cette fin subite, et je comptais hâter mon retour pour la retrouver, dans la crainte qu'elle eût besoin de M. Conneau. Il avait déjà retenu sa place et partait pour lui porter ses soins, lorsque cette triste nouvelle m'est arrivée; aussi j'ai doublement regretté mon éloignement. Je compte retourner prochainement à Arenenberg; je serai bien affligée de vous revoir seul, sans votre excellente femme; mais je serai bien aise aussi de vous porter quelques consolations et de vous assurer de mes sentiments.

« Louis veut vous écrire. Il sent comme moi que nous venons de perdre une vieille amie, et que cela ne se retrouve pas.

« J'embrasse Claire. »

Nous arrivons à l'année 1836, qui fut témoin des événements de Strasbourg. Le prince Louis-Napoléon avait franchi la frontière et était entré dans cette ville le 28 octobre. Il y fut reçu par le colonel Vaudrey, le commandant Parquin et plusieurs autres officiers.

Quelques jours avant, la préoccupation du Prince n'avait échappé à aucun des siens à Arenenberg. Il avait été rejoint dans cette résidence par de fidèles amis, au nombre desquels se trouvaient le comte Arèse et le marquis Visconti, tous deux Milanais.

La duchesse de Raguse, qui était fort attachée à la reine Hortense, était revenue quelques jours avant d'Arenenberg pour aller s'établir dans sa résidence de Viry, à cinq lieues de Paris. Elle y était arrivée depuis peu d'heures, lorsqu'on la prévint que madame Salvage de Faverolles l'attendait dans sa voiture, au bout du parc. La duchesse de Raguse comprit immédiatement que la reine Hortense était là, et, courant au-devant d'elle, ce fut avec une vive douleur qu'elle apprit de son auguste amie la fatale issue de la tentative de Strasbourg [1].

M. Delessert, alors préfet de police, fut informé de l'arrivée de la reine Hortense, qui resta une semaine à Viry. Ce temps fut employé en démarches pour connaitre la décision du gouvernement à

---

[1] Le récit de cette affaire se trouve dans notre *Étude sur Napoléon III*, p. 30 et suivantes.

l'égard de l'illustre prisonnier. On gardait le plus grand secret sur la destination vers laquelle on comptait diriger le Prince, et on se contentait de répondre à sa mère par des paroles rassurantes, mais vagues.

Enfin, la Reine partit sans avoir pu obtenir de renseignements plus positifs, et deux heures après qu'elle avait quitté Viry pour reprendre le chemin de la Suisse, un messager, porteur d'une lettre à son adresse, se présenta. Il venait annoncer le départ du prince Louis-Napoléon pour les États-Unis.

Après une traversée de quatre mois et demi à bord de la frégate *l'Andromède,* le Prince débarquait à New-York. Constamment retenu à bord jusque-là dans la rade de Rio-Janeiro, traité en prisonnier de guerre, ce fut seulement sur la terre hospitalière des États-Unis qu'il fut rendu à la liberté.

Mais une lettre qu'il reçut de sa mère mourante [1] ne tarda pas à le ramener sur le continent.

[1] Nous reproduisons cette lettre au chapitre IV.

Le Prince n'eut plus alors qu'une seule pensée : revoir cette mère adorée et recevoir ses dernières bénédictions, dût-il braver tous les dangers et s'attirer toutes les persécutions possibles.

Sa piété filiale fut couronnée de succès. Il lui fut permis de fermer les yeux de sa mère. C'est dans les bras de son fils chéri que, le 5 octobre 1837, la reine Hortense rendit le dernier soupir, remerciant Dieu de lui avoir réservé cette suprême et dernière consolation.

CHAPITRE IV

LES TOMBEAUX

RUEIL, LA MALMAISON

I

Rueil ! la Malmaison !

La demeure funèbre sur le seuil de la demeure impériale !

La mort à côté de la vie ! Le repos après les joies, les agitations, les larmes et la douleur !

Ici, deux noms se trouvent écrits en caractères ineffaçables :

Joséphine et Hortense !

C'est-à-dire la grâce et la bonté les plus exquises, le dévouement le plus tendre, le plus absolu pour le grand génie dont l'ombre plane sur ces lieux qui virent le premier consul Bonaparte dans les plus beaux jours de sa gloire, et l'empereur Napoléon dans les heures les plus sombres de ses revers.

Nous avons voulu visiter le château de la Malmaison et l'église de Rueil pour y retrouver le souvenir de ces joies passées, le souffle de ces vies éteintes.

Une longue allée de platanes conduit au château. A l'entrée de cette allée se trouvent deux pavillons, dont l'un, celui de gauche, est désigné actuellement sous le nom de *Pavillon des Guides*. C'est par là que Napoléon entrait généralement à la Malmaison.

Après avoir franchi la grille, nous contournons un massif, et un peu à droite, avant d'arriver au château, un premier objet frappe nos regards : c'est un socle portant un aigle. Sur la base de ce socle sont inscrits ces mots qui captivent l'attention :

DERNIER PAS DE NAPOLÉON

PARTANT POUR ROCHEFORT

LE 29 JUIN 1815

A QUATRE HEURES APRÈS MIDI.

Voilà donc la première station du calvaire de l'Empereur ! C'est là que la reine Hortense, en quittant pour jamais celui qui lui avait servi de père, lui remit, comme dernier gage de son dévouement filial, ce qui lui restait de plus précieux, son magnifique collier de diamants.

Ce modeste socle en plâtre, cet aigle en fer-blanc, ne tarderont pas sans doute à être remplacés par un monument plus digne de cette grande date, de ce mémorable souvenir, aujourd'hui que, dans un sentiment de religieuse piété pour la mémoire de son oncle, de sa grand'mère et de sa mère, l'empereur Napoléon III a racheté la Malmaison.

Que reste-t-il de cette propriété que Joséphine avait acquise, en 1798, de M. Lecoulteux de Canteleux, et qu'elle ne cessa d'embellir ensuite en réunissant au parc toute la plaine qui le séparait de Rueil, la Côte-d'Or, colline qui le bornait au couchant, et le bois de Saint-Cucuphat au sud-ouest?

Contrairement à ce qu'ont écrit et répété tour à tour plusieurs organes de la publicité, la propriété de la Malmaison n'a pas été entièrement détruite après la mort du prince Eugène.

Achetée en 1826 par M. Haguerman, banquier suédois qui habitait Paris, une partie seulement en fut distraite et vendue par lots. Les belles plantations qui se trouvaient entre le parc et les bois de Saint-Cucuphat firent place alors à des terrains de culture.

LA REINE HORTENSE

Après la mort de M. Haguerman, en 1842, le château seul de la Malmaison, et son parc, furent acquis au prix de cinq cent mille francs par la reine Marie-Christine d'Espagne, qui les revendit, en 1861, à l'Empereur, moyennant un million cent mille francs.

Nous voici en face du château.

On y entrait autrefois par un porche en forme de tente et servant de premier vestibule. Aujourd'hui, c'est une simple marquise qui abrite cette entrée. Le second vestibule, soutenu par quatre colonnes en stuc, divise le rez-de-chaussée en deux parties : celle de droite contient le salon, l'ancienne salle de billard et la galerie ; celle de gauche réunit la salle à manger, la salle du conseil, le cabinet et la bibliothèque.

La grande galerie, qui se trouvait à droite, à la suite du château, et qui contenait des tableaux et des objets d'art de toute espèce, n'existe plus.

Le théâtre, qui était adossé à cette galerie, a également disparu.

Le premier étage renferme les appartements qui étaient occupés par Napoléon, Joséphine, la reine Hortense, le prince Eugène, et par les dames et les officiers de leur maison.

Dans la cour d'honneur, sur laquelle s'ouvre la première entrée du château, une statue de Napoléon, en plâtre bronzé, apparaît entourée de verts gazons et précédant un bassin environné de plates-bandes et d'arbustes.

Cette statue nous suggère la même réflexion que celle que nous avons faite pour l'aigle commémoratif du départ de Napoléon 1er.

Ces deux monuments, plus que médiocres d'exécution, ont été élevés, l'aigle par les soins de M. Haguerman, et la statue de Napoléon 1er, d'après le désir qu'en a exprimé la reine Marie-Christine, peu de temps après avoir fait l'acquisition de la Malmaison. Nul doute qu'ils ne fassent place bientôt à des œuvres plus en rapport avec la pensée qui a présidé à leur érection. Mais au lieu de la figure de Napoléon 1er, empereur, ne serait-il pas plus opportun de reproduire le visage si fièrement accentué dans sa maigreur du général Bonaparte, premier consul, tel que le crayon d'Isabey l'a rendu populaire, au moment où il venait se délasser à la Malmaison du poids des affaires publiques?

On nous a montré l'avenue où le général Bonaparte se promenait pendant des heures entières en causant avec ses aides de camp. Cette avenue se trouve à gauche du château, à la suite de la bibliothèque, et l'on s'y rend en passant sur un petit pont jeté par dessus le fossé qui sépare le château du parc. Elle se termine par un pavillon qui servait souvent de cabinet de travail au général Bonaparte.

« Nulle part, si ce n'est sur le champ de bataille, dit M. de Bourienne dans ses Mémoires, je n'ai vu Bonaparte plus satisfait que dans les jardins de la Malmaison. Pendant les premiers jours du Consulat, nous y allions tous les samedis soir, et nous y passions la journée du dimanche, et quelquefois celle du lundi. Bonaparte y négligeait un peu le travail pour la promenade et pour surveiller lui-même les embellissements qu'il faisait exécuter. »

Ces travaux, confiés à MM. Fontaine et Percier, architectes, furent accomplis successivement avec autant de goût que de talent.

La façade extérieure du château donnant sur la cour, fut décorée d'une suite de statues en marbre d'après l'antique, venant du parc de Marly. Ces statues ont été remplacées depuis 1815 par des imitations de peu de valeur qui représentent les saisons et les quatre parties du monde.

Le péristyle et l'antichambre n'ont plus les beaux bustes en marbre et en bronze qu'y avait fait placer Joséphine, mais cependant, avec leurs couronnes en relief, ces deux pièces ont conservé leur caractère primitif.

Il en est ainsi de la salle du conseil, du cabinet de travail et de la salle à manger. La salle du conseil a gardé ses trophées, le cabinet de travail sa forme de tente, et la salle à manger ses figures allégoriques peintes sur un fond de stuc.

Le cabinet de Napoléon contient un meuble des plus précieux : c'est une pendule venant de Longwood. Deux amours portent le cadran entouré de roses. Une rose ouverte, d'où sort un amour, couronne le tout.

Ces aiguilles, aujourd'hui immobiles, ont marqué l'heure de la mort du martyr de Sainte-Hélène.

La bibliothèque ne contient plus un seul livre, et le silence règne dans le salon, où nous avons remarqué une belle cheminée en mosaïque donnée par le pape Pie VII ; puis quelques sujets champêtres peints sur toile ; le dessin original d'Isabey, représentant le général Bonaparte à la Malmaison ; le portrait du roi Louis, en colonel de dragons, dessiné par la reine Hortense ; enfin, d'autres portraits de famille, notamment ceux du prince Eugène au début de la campagne d'Égypte, de l'impératrice Joséphine, de la reine Hortense, de l'empereur Napoléon III, alors enfant. Voilà à peu près tout ce qui reste aujourd'hui des anciens tableaux.

Dans la petite galerie qui fait suite, notre attention s'est portée sur une harpe à demi-brisée. Cette harpe, n'est-ce pas l'image poétique de ces âmes, de ces esprits d'élite qui habitèrent ces lieux, dévastés et muets depuis leur disparition ?

Tous ces objets ont été transportés à la Malmaison par ordre de l'Empereur, et c'est aussi pour se conformer aux intentions de Sa Majesté qu'on s'occupe de remeubler toutes ces pièces comme elles l'étaient avant 1815, afin de rendre, autant que possible, à ce château son ancienne physionomie.

La bibliothèque de la Malmaison ne pourrait-elle recevoir, à cette occasion, le trop plein de celle de Saint-Cloud, qui renferme, nous a-t-on dit, environ 3,500 volumes ayant appartenu à la reine Hortense ?

Du reste, le château de la Malmaison n'était pas très-grand ; tout y avait été sacrifié au rez-de-chaussée, qui était affecté à de brillantes réceptions. Des tables de mosaïque de Florence, des pendules en lapis et en agate, des bronzes d'un travail précieux et d'admirables porcelaines de Sèvres s'y voyaient à chaque pas.

La grande galerie surtout, dont il ne reste plus trace aujourd'hui, devint l'une des plus belles choses que l'on pût voir, tant elle s'enrichit successivement des meilleurs tableaux des écoles flamande et française, et des marbres les plus estimés de Canova.

Nous entrons dans le parc ; de ce côté, la façade du château est encore plus simple que du côté de la cour d'honneur. Un fossé entoure la base de la construction. Deux centaures en bronze et deux obélisques en granit décorent la porte d'entrée, en tête du pont-levis. Mais ce qui reste toujours digne d'admiration, bien que les magnifiques serres aient disparu, c'est le parc avec ses belles pelouses, ses sources d'eau vive et ses magnifiques ombrages. Si les arbres ont grandi en formant des voûtes épaisses de feuillage, les points de vue y ont perdu; mais il sera facile d'y remédier.

Au milieu du parc, le temple de l'Amour est encore debout, avec ses colonnes de marbre et son inscription :

> Qui que tu sois, voici ton maître,
> Il l'est, le fut ou le doit être.

En regardant attentivement au milieu de la guirlande de roses qui entoure le piédestal de la statue de l'Amour, nous avons remarqué un *E* majuscule qui a été gravé dans le marbre, nous a-t-on affirmé, par le prince Eugène.

Mais il nous tarde de voir la chambre où est morte l'impératrice Joséphine. Nous passons donc, sans nous y arrêter, devant la chapelle gothique élevée, sur l'ancien emplacement des cuisines, par la reine Marie-Christine, et où des vitraux de papier peint font assez mauvais effet; nous montons au premier étage. Après avoir traversé le boudoir, la chambre de l'Empereur, nous voici dans la pièce de forme circulaire qui fut témoin de l'agonie de l'impératrice Joséphine.

Cette pièce, donnant sur le parc, est vide et solitaire comme celles qui la précèdent, comme les chambres de la reine Hortense, du prince Eugène, qui n'en sont pas éloignées; un vieux canapé jaune est là tout seul. Ce meuble antique fait revivre devant nous tout un passé de douloureuse mémoire.

II

Le 13 mai 1814, l'impératrice Joséphine alla passer deux jours au château de Saint-Leu avec la reine Hortense, qui devait y recevoir l'empereur Alexandre. On visita les bois de Montmorency; au retour, l'Impératrice se sentit fatiguée et rentra dans son appartement.

La reine Hortense, inquiète, alla bientôt retrouver sa mère, qui, voulant dissimuler ses souffrances, eut le courage de faire sa toilette et de descendre au salon, où était resté l'empereur Alexandre.

Le soir, l'impératrice Joséphine remonta dans la chambre qu'on lui avait fait préparer. La nuit se passa assez bien, et elle put le lendemain, après le déjeuner, rentrer à la Malmaison. Ce jour-là, elle parut beaucoup mieux, et elle dîna à table comme à son ordinaire, de sorte que l'on crut que son indisposition de la veille était passée.

Le lundi 23 mai 1814, le roi de Prusse alla, avec ses deux fils, faire une visite à la Malmaison, et y resta à dîner. Le lendemain, l'impératrice Joséphine dut recevoir encore les deux grands-ducs de Russie, Nicolas et Michel. Toutes ces réceptions, toutes ces visites lassèrent l'Impératrice visiblement souffrante, bien qu'elle fît de courageux efforts pour cacher son mal et la tristesse profonde dont elle était atteinte.

La reine Hortense et le prince Eugène s'inquiétèrent de l'état de santé et d'esprit de leur mère.

Le 25 mai, le prince Eugène écrivait à ce sujet

à sa femme : « Ma bonne Auguste, notre mère est bien souffrante depuis deux jours, et ce matin elle a beaucoup de fièvre; le médecin dit que ce n'est qu'un catarrhe, mais moi, je ne la trouve pas bien du tout. »

Puis, le 28 mai, le Prince écrit encore : « Ma bonne Auguste, je suis au désespoir, la maladie a dégénéré en fièvre putride. Ce matin, les médecins ont très-peu d'espoir. Je quitte ma mère à l'instant et la trouve moi-même très-mal. Tout cela m'a tellement bouleversé, que j'ai eu un accès de fièvre. »

En effet, une consultation de médecins avait eu lieu le 27, et ils avaient reconnu tous les symptômes d'une angine de la plus dangereuse espèce.

Le 28, la reine Hortense dut recevoir l'empereur Alexandre, qui se montrait très-affecté de l'état de l'impératrice Joséphine; il ne se retira que bien avant dans la soirée, après avoir appris qu'elle était un peu plus calme.

« Quoique accablée de fatigue, la reine Hortense se disposait à passer cette nuit encore auprès de sa mère. L'Impératrice la supplia d'aller se reposer, lui recommandant aussi de tranquilliser son frère.

« Madame la duchesse d'Alberg joignit ses instances à celles de l'Impératrice, et s'établit pour la nuit près du lit de la malade.

« La reine Hortense ne se retira que fort tard, sur la promesse qui lui fut faite, ainsi qu'à son frère, de les prévenir au moindre symptôme alarmant. Mais la Reine, inquiétée par un pressentiment qu'elle ne s'expliquait pas, se releva plusieurs fois pour venir voir si sa mère reposait. Il lui fut répondu qu'elle ne se plaignait pas et paraissait ne pas souffrir, mais qu'elle se réveillait souvent, parlant à voix basse avec elle-même, et répétant par intervalle ces mots : « *Bonaparte ! l'Ile d'Elbe ! Marie-Louise* [1] *!* »

---

[1] *Mémoires sur la reine Hortense*, par mademoiselle Cochelet, t. 1er, p. 381 et suivantes.

« De bonne heure, le 29, jour de la Pentecôte, la Reine, alarmée de ces discours sans suite, alla chez son frère, qu'elle trouva un peu mieux et qui se leva avec effort. Ils entrèrent dans la chambre de l'Impératrice. En apercevant ses enfants, ses yeux se remplirent de larmes ; elle leur tendit les bras sans avoir la force de se soulever et pouvant à peine parler, car sa langue s'embarrassait. Ceux-ci l'embrassèrent avec tendresse, mais en réprimant leur émotion, car le mal avait fait des progrès rapides, et l'altération sensible des traits de leur mère les avait frappés en entrant. La Reine, trop émue, fut obligée de se retirer. Le prince Eugène voulut savoir des deux médecins qui n'avaient pas quitté la malade, celui de l'Impératrice et celui de la reine Hortense, s'ils conservaient encore de l'espoir pour sa mère et s'ils pensaient que l'on dût lui apporter les sacrements. Ils répondirent qu'ils n'avaient pas perdu tout espoir, mais qu'il était prudent de ne pas renvoyer à plus tard l'accomplissement des devoirs religieux. Le Prince, avec les ménagements d'un fils tendre et courageux, disposa sa mère à cet acte suprême, si conforme à sa foi. L'abbé Bertrand, aumônier de la reine de Hollande, entra pour la préparer à recevoir le viatique. Le prince Eugène et sa sœur laissèrent l'Impératrice avec son confesseur et descendirent dans la chapelle du château, afin d'entendre la messe et prier pour cette vie qui leur était si précieuse. Comme eux, tous les assistants avaient les larmes aux yeux. Après vingt minutes, ils remontèrent auprès de leur mère. En les voyant, elle leur tendit encore les bras. Pendant ce peu de temps, sa figure s'était entièrement décomposée. Elle voulait parler, mais elle ne put articuler un seul mot. A cette vue, la Reine s'évanouit; on l'emporta sans connaissance dans sa chambre. Le prince Eugène s'agenouilla auprès du lit de sa mère, pendant que l'abbé Bertrand l'administrait et qu'elle recevait la communion avec toute sa connaissance et sa douce résignation.

« Elle ne vécut que peu d'instants encore, et,

après quelques efforts, elle expira, consolation dernière, entre les bras de son fils bien-aimé.

« Le prince Eugène pensa alors à l'état de sa sœur; il se précipita dans sa chambre, lui annonça leur malheur, et ils confondirent leurs larmes. Toutes les personnes de la maison de l'Impératrice, qui venaient de la voir mourir, entrèrent aussi dans la chambre de la Reine, afin de mêler leur douleur à celle des enfants de leur maîtresse.

« Je restai avec madame d'Alberg, ajoute mademoiselle Cochelet, près de celle qui n'existait plus; je pensai procurer encore une faible consolation à ses enfants, auxquels le sort ravissait tout à la fois, et j'osai m'approcher de cette tête qui paraissait dormir avec calme et espérance. Je coupai ses beaux cheveux, que je gardai comme un trésor à remettre à la Reine. Le prince Eugène emmena sa sœur à Saint-Leu, où je les suivis bientôt après. Aucune expression ne saurait peindre la douleur du Prince et de la Reine; ceux qui ont connu la mère adorable qu'ils pleuraient, pourront seuls se l'imaginer. »

« La désolation éprouvée par tous les serviteurs, grands ou petits, de la Malmaison, dit M. Aubenas, auteur de l'*Histoire de l'impératrice Joséphine*, qui a emprunté lui-même une partie de ces détails à Mademoiselle Avrillon, se répandit avec la funeste nouvelle à Rueil et dans tous les lieux d'alentour, où Joséphine était aimée comme une providence et une mère.

« Le corps de l'Impératrice, après avoir été embaumé et placé dans un double cercueil de plomb et d'acajou, fut, pendant trois jours, exposé sur un catafalque dressé au milieu du grand vestibule du château. Plus de vingt mille personnes se présentèrent pour lui jeter de l'eau bénite. Cultivateurs, ouvriers, bourgeois, venaient de plusieurs lieues comme à un pèlerinage. A Paris, où d'autres intérêts entraînaient les esprits, cette mort produisit aussi une générale et pénible impression.

Les souverains et les princes étrangers, la famille royale elle-même, s'empressèrent de faire parvenir aux enfants de l'impératrice Joséphine l'expression de la part qu'ils prenaient à leur douleur. L'empereur Alexandre s'était proposé d'assister aux funérailles, mais, apprenant que l'état de santé du prince Eugène ne lui permettait pas de conduire le deuil de sa mère, il s'y fit représenter par le général Sacken. »

Les obsèques eurent lieu le 2 juin 1814, dans l'église de Rueil, réparée depuis quelques années déjà par les soins de l'impératrice Joséphine, qui avait témoigné le désir d'y être inhumée. Le cortége sortit par la grande grille de la Malmaison et suivit la route de Paris jusqu'à Rueil. Les deux jeunes enfants de la reine Hortense conduisaient le deuil. Les coins du drap mortuaire étaient portés par le grand-duc de Bade, époux de la princesse Stéphanie ; par le marquis de Beauharnais, beau-frère de l'Impératrice ; par le comte de Tascher de la Pagerie, ex-sénateur, et par le comte de Beauharnais, père de la grande-duchesse de Bade. Venaient ensuite tous les officiers et les dames attachés à l'Impératrice, au prince Eugène et à la reine Hortense ; puis plusieurs personnages importants, amenés de Paris par leur reconnaissance envers la souveraine qui avait été si parfaite pour tous. Mais ce qui communiqua à ces funérailles du cœur le caractère le plus désintéressé et le plus touchant, ce fut l'affluence et la tristesse des campagnards qui, de tous les environs, s'étaient réunis à Rueil afin de rendre un dernier hommage à celle qui avait reçu d'eux le nom de *la bonne Joséphine*.

Le corps de l'Impératrice fut déposé dans un caveau de l'église de Rueil, au-dessous d'une chapelle où l'on devait plus tard lui ériger un monument. Le cœur et les entrailles de Sa Majesté, renfermés dans une boîte de vermeil, furent également déposés dans le même caveau.

Nous reproduisons ici l'acte d'inhumation de l'impératrice Joséphine :

« Le 2 juin 1814, a été inhumée dans l'église

de cette paroisse, par l'autorisation de M. le ministre de l'intérieur, l'impératrice Joséphine, née Marie-Joséphine-Rose de Tascher de la Pagerie, le 24 juin 1763, mariée le 8 mars 1796 à Napoléon Bonaparte, sacrée et couronnée impératrice le 2 décembre 1804, décédée dans son palais de la Malmaison, de cette paroisse, le 29 mai dernier, à midi, laquelle inhumation a été faite en la présence de moi, curé soussigné, par monseigneur Louis-Mathieu de Barral, archevêque de Tours, premier aumônier de feue S. M. l'impératrice Joséphine, en la présence des soussignés. »

L'Impératrice avait donc cinquante-deux ans lorsqu'elle succomba.

Nous allons traverser la route qui vit passer en 1814 le cercueil de *la bonne Joséphine*, et quitter cette chambre nue et glaciale, où elle rendit le dernier soupir, pour aller visiter l'église de Rueil.

Réunis dans la mort comme leurs cœurs l'étaient dans la vie, les deux corps de la mère et de la fille reposent l'un près de l'autre dans la maison du Seigneur.

En 1824, la reine Hortense et le prince Eugène achetèrent l'une des chapelles de l'église de Rucil et y firent élever le tombeau de leur mère. Ce monument de marbre blanc veiné, exécuté par MM. Gilet et Dubuc, d'après les dessins de l'architecte Berthaud, consiste en une voûte à plein cintre, ornée de rosaces et supportée par quatre colonnes d'ordre ionique, élevées sur un piédestal de deux mètres de hauteur, quatre mètres de largeur et un mètre quatre-vingt-dix centimètres de profondeur. Les colonnes sont hautes de trois mètres quarante centimètres, l'archivolte de trois mètres soixante centimètres; enfin, l'ensemble du monument a une élévation de huit mètres soixante-dix centimètres. Le corps de l'Impératrice est déposé dans le massif du socle. Il est renfermé dans trois cercueils, l'un de plomb, le second d'acajou, et le troisième de chêne.

Le socle porte l'inscription suivante, gravée en creux et dorée :

A JOSÉPHINE

EUGÈNE ET HORTENSE

1825

La statue en marbre de Carrare, ouvrage de Cartelier, représente l'impératrice Joséphine en costume de cour. Elle est agenouillée sur un carreau, près d'un prie-Dieu. Cette statue, d'après le témoignage de ceux qui ont connu l'Impératrice, est d'une ressemblance parfaite.

Dans la chapelle contiguë à celle où se trouve le tombeau de Joséphine, on voit le monument de son oncle, le baron de Tascher de la Pagerie, gouverneur de la Martinique. Il est en marbre blanc, orné de deux rostres, et porte une inscription en latin dont voici la traduction :

« Joséphine, épouse de Napoléon, empereur, a fait élever ce monument à son oncle illustre,

Robert-Marguerite de Tascher de la Pagerie, gouverneur de l'île de la Martinique, grand officier de la Légion d'honneur, mort à l'âge de soixante-six ans. »

III

Le nom de l'impératrice Joséphine est resté populaire en France, et Napoléon III a satisfait à un vœu public en faisant élever à son aïeule une statue qui laissera parmi nous l'image vivante de cette bonne et gracieuse souveraine.

L'avenue de l'impératrice Joséphine était tout naturellement désignée pour recevoir cette statue, c'est là qu'elle a été placée à la rencontre de la rue Galilée et du point culminant de cette avenue qui, de l'Arc-de-triomphe de l'Étoile, se dirige vers le quai de Billy.

L'impératrice Joséphine est représentée debout, revêtue du manteau impérial et ceinte du diadème, ce qui tranche heureusement avec la simplicité du support. Le bras droit est plié à la hauteur de la taille, qu'il contourne gracieusement ; la main droite se trouve ainsi près du cœur et tient un bouquet de fleurs des Antilles. La main gauche est ouverte au-dessus de la couronne impériale que supporte un coussin placé sur un trépied de style grec ; dans cette attitude, l'impératrice Joséphine paraît hésiter à toucher cette couronne, qu'elle redoutait plus qu'elle ne l'ambitionnait. La tête, légèrement inclinée à gauche, est d'une finesse remarquable. Cette œuvre est en marbre blanc d'Italie du plus beau choix ; elle est due au ciseau de M. Vital Dubray.

Le piédestal, haut de trois mètres, a été exécuté par M. Davioud, architecte de la ville de Paris.

Enfin, l'ensemble du monument a été fait sur

l'initiative de M. le baron Haussmann, préfet de la Seine, et sous la haute direction de M. Alphand, directeur général de la voie publique et des plantations de Paris.

IV

Dans l'ancienne chapelle des seigneurs de Buzenval, qui fait face à celle où a été élevé le monument de l'impératrice Joséphine, et dans un caveau construit sous cette chapelle, reposent les restes de la reine de Hollande, Hortense de Beauharnais, morte le 5 octobre 1837, à son château d'Arenenberg. Ses dépouilles mortelles furent amenées à Rueil par M. le comte de Tascher de la Pagerie, son cousin.

L'acte de dépôt du corps de la reine Hortense porte ce qui suit :

« Le 19 novembre 1837, d'après l'autorisation du gouvernement, a été déposé par M. le comte de Tascher de la Pagerie, général-major, chambellan de S. M. le roi de Bavière, membre de la Légion d'honneur, chevalier de la Couronne de fer du royaume d'Italie, grand'croix de l'ordre militaire de l'Épée de Suède, officier de l'ordre de l'Étoile du Sud du Brésil, un cercueil contenant les dépouilles mortelles de Hortense-Eugénie de Beauharnais, reine de Hollande, duchesse de Saint-Leu... »

Le 8 janvier 1838, par un froid de quatorze degrés, eut lieu l'inhumation du corps de la reine Hortense.

« On lui rendit les honneurs dus à la femme que l'Empereur avait appelée sa fille [1], et dont le front avait porté la couronne. Depuis la mort de José-

---

[1] *Rueil et la Malmaison*, par Jacquin et Duesberg, p. 203 et suivantes.

phine, jamais la modeste église de Rueil n'avait été aussi parée, aussi resplendissante, et aussi remplie de deuil et de tristesse. La nef et le chœur étaient tendus de noir; sous un riche catafalque, aux clartés des cierges et des lampes funéraires, reposaient les restes d'une reine qui n'avait pas laissé sa royauté à ses héritiers, et dont les armoiries n'étaient plus que le glorieux témoignage d'une grandeur évanouie. Ce royal appareil faisait contraste avec les dimensions de l'édifice; les chants de mort, qui se mêlaient aux sons des instruments; l'intensité même du froid, ce deuil de la nature qui semblait s'associer au deuil des hommes; la présence de tant d'illustres personnages, derniers débris de l'Empire qui s'était écroulé plus vite encore qu'il ne s'était élevé, tout cela formait une scène d'une tristesse imposante et majestueuse. La sœur de l'empereur Napoléon Ier, l'ancienne reine de Naples, put seule, de sa famille, apporter à Hortense le tribut de ses larmes. Du haut de son mausolée, Joséphine semblait unir ses prières à celles des assistants, et là, bien au-dessus de toutes ces grandeurs déchues, la religion, étrangère aux passions humaines, tendant la main à toutes les infortunes, n'ayant d'autre étendard que la Croix, d'autres couleurs que celles du suaire, la religion, qui bénissait sur la terre les restes de celle que tant d'infortunes supportées avec résignation avaient dû conduire au ciel. Il n'y manquait qu'un Bossuet pour faire de cette solennité funéraire une des plus sublimes qui aient été célébrées.

« Le lendemain, le corps de la reine Hortense fut porté au caveau et descendu dans sa dernière demeure, après lecture du procès-verbal, et constatation faite que les cachets et le ruban noir qui fermaient la bière, étaient intacts. Le corps reposait dans un cercueil en plomb renfermé dans un autre d'acajou, que recouvrait une caisse en chêne; sur celle-ci se trouvait un écusson d'argent où était gravée une inscription funéraire.

« Le soir même du jour de l'inhumation, le caveau fut muré, et l'escalier qui y conduisait, recouvert d'une dalle. La chapelle fut entièrement dallée en granit noir, et les parois du pourtour furent couvertes de marbre noir. Au milieu de cette chapelle devait être placé le monument de la Reine.

Ce mausolée, qui avait été confié au sculpteur Bartolini, de Florence, fut inauguré dans l'église de Rueil le 29 avril 1845. La statue de la reine Hortense était représentée dans l'attitude de la prière, résignée, les mains croisées, et presque entièrement couverte d'un voile.

Cette statue, dont la ressemblance laissait à désirer, devait être remplacée, en 1858, par un monument plus digne de l'auguste mère de Napoléon III.

Un des premiers soins de l'Empereur fut de sauver d'abord l'église de Rueil de la ruine qui la menaçait. Dès 1854, cette restauration fut confiée à M. Eugène Lacroix, architecte des palais impériaux, et à M. Manguin, architecte des monuments historiques, qui avait attiré l'attention publique sur l'église de Rueil par un remarquable projet de restauration.

Cette église, dont la première pierre fut posée en 1584, par Antoine Ier, roi de Portugal, alors exilé de son pays, était dans le plus grand état de délabrement.

Le clocher menaçait ruine, et tout le surplus du monument, reconstruit par le cardinal de Richelieu, n'était pas en meilleur état.

Cependant, telle qu'elle était, l'église de Rueil offrait néanmoins un grand intérêt à l'artiste et à l'historien ; au point de vue de l'art, la tour romane est un spécimen remarquable d'un style devenu très-rare aux environs de Paris, où les vieux édifices sont destinés, le plus souvent, à être remaniés, sinon détruits, pour faire place à d'autres constructions plus conformes aux besoins des populations qui se pressent à leurs pieds.

La nef, les parties latérales et le portail principal, bâtis par les soins du cardinal de Richelieu, sont d'une conception originale et digne de cette époque pleine de séve, qui devait être l'aurore du siècle de Louis XIV. Avant la révolution de 93, on voyait sur le portail les armes de Richelieu et quatre statues, sculptées par Sarrazin. Deux de ces statues représentant saint Pierre et saint Paul, patrons de l'église, étaient placées dans les niches du bas, de chaque côté du portail.

Les travaux de restauration furent poursuivis avec une grande activité par M. Eugène Lacroix, et achevés dans l'espace de quatre années. Les dispositions primitives furent scrupuleusement respectées; les anciennes sculptures conservées autant que possible et replacées; les réfections entières exécutées au moyen de photographies et de moulages qui permirent de reproduire l'image fidèle de ce qui existait précédemment.

Un seul changement fut apporté. La tour du clocher se trouvait enclavée dans les combles de la construction de Richelieu, bâtie dans des proportions beaucoup plus vastes que l'ancienne église; elle était entièrement perdue pour l'aspect.

Son exhaussement permet aujourd'hui que toutes les parties destinées à être vues, arcades du beffroi et colonnettes, surgissent au-dessus des toitures.

L'église de Rueil a conservé ses trois entrées. Au-dessus du portail principal, on lit cette inscription :

« *Deo optimo maximo. Sub invocatione sanctorum Petri et Pauli.* »

Le deuxième portail est du côté du nord, et porte la double date de 1603-1857.

Le troisième portail est au midi et n'est remarquable par aucun ornement.

Une grille en fer ferme l'entrée du chœur et des deux chapelles collatérales qui renferment les monuments de l'impératrice Joséphine et de la reine Hortense.

Le maître-autel en marbre blanc, élevé de quatre degrés, présente, sur la face antérieure, un magnifique bas-relief en bronze doré de l'époque de la Renaissance représentant le corps du

Sauveur près d'être embaumé et déposé dans le tombeau. Ce bas-relief fut acheté, en 1805, par Napoléon Ier, pour l'autel de sa chapelle à la Malmaison. En 1837, M. Haguerman, devenu propriétaire de ce château, en fit don à l'église de Rueil.

Le tableau de l'*Assomption de la Vierge*, par frère Jean-André, de l'ordre des Franciscains, placé près du maître-autel, est un don de Napoléon Ier qui date de 1806.

Enfin, on remarque près du maître-autel les deux statues de saint Pierre et de saint Paul.

La chaire, qui ne manque pas d'élégance malgré sa simplicité, porte la date de 1595.

Pendant que se terminait la restauration de l'église, M. Barre, sculpteur, exécutait le monument commémoratif de la reine Hortense, et M. Eugène Lacroix terminait la crypte qui occupe le dessous de la chapelle et renferme le tombeau de la Reine.

Ce monument fut inauguré le 27 juin 1858, en

présence de l'Empereur et de l'Impératrice.

Le 26 au soir, l'Empereur fit prévenir le curé de Rueil que l'inauguration aurait lieu le lendemain matin, à onze heures, sans apparat et avec la plus grande simplicité, comme il aime à faire tout ce qui le touche personnellement.

Mais les préparatifs, bien qu'accomplis à la hâte dans l'église pour cette pieuse cérémonie, avaient éveillé l'attention, et, le lendemain, lorsque Leurs Majestés arrivèrent, elles étaient attendues à la porte du saint temple par Son Exc. le maréchal Magnan, le préfet de Seine-et-Oise et le maire de Rueil.

Après avoir reçu l'eau bénite et l'encens qui leur avaient été offerts par le digne curé de la paroisse, l'Empereur et l'Impératrice furent conduits processionnellement aux siéges qui leur avaient été préparés devant le maître-autel, où ils entendirent la messe, pendant laquelle fut chanté un *O salutaris* d'une facture large et empreinte d'un grand sentiment religieux. Puis, l'office divin terminé, le curé, assisté de son clergé, procéda à la bénédiction du mausolée.

Leurs Majestés félicitèrent ensuite MM. Barre, sculpteur, et Lacroix, architecte, sur la parfaite exécution de ce beau travail, et elles se retirèrent au milieu des acclamations d'une population enthousiaste accourue en foule sur leur passage.

Le monument, tout en marbre blanc des Pyrénées, se compose d'une arcade dans le style greco-romain supportée par deux colonnes corinthiennes, hautes de 2 mètres 90 centimètres, élevées sur un piédestal de 1 mètre 65 centimètres orné de guirlandes et de couronnes. L'arcade, haute de 3 mètres 45 centimètres et large de 1 mètre 70 centimètres, entoure et protége la statue de la Reine.

Dans son ensemble, ce monument atteint une élévation de 8 mètres 27 centimètres, et son ordonnance est à peu près la même que celle du tombeau de l'impératrice Joséphine.

La reine Hortense, portant le diadème royal

et le front ceint d'un long voile qui l'enveloppe de ses plis, est représentée à genoux, dans l'attitude de la prière, les yeux levés vers le ciel. La couronne royale et une lyre reposent devant elle sur un coussin. Un ange, qui semble se détacher du fond du monument, lui tend les bras. Ce groupe en marbre blanc de Carrare, dû au ciseau habile de M. Barre, est d'un effet profond et touchant.

Sur le piédestal, on lit cette simple inscription gravée en creux et en lettres dorées :

A LA REINE HORTENSE
SON FILS NAPOLÉON III

Un escalier placé dans l'angle de la chapelle descend à la crypte, qui est fermée par une porte en fer ouvragé ; cette crypte rappelle, par ses dispositions, celles qui se voient encore dans les églises romanes.

Des groupes de colonnes courtes et massives supportent les arceaux de la voûte. Une lampe funéraire, suspendue au centre, et deux candélabres en bronze portent les lumières qui, seules, éclairent ce lieu entièrement fermé au jour.

Au fond de la crypte, sous un arceau profond, est un sarcophage monolithe qui renferme dans un triple cercueil les restes de la reine Hortense.

Toute la surface du sarcophage est ornée de sculptures en bas-relief relevées de quelques dorures. Le suaire et la palme d'or qui le recouvrent, rappellent la fin douloureuse de cette noble et gracieuse Reine, morte dans l'exil, fidèle à toutes les affections de la famille et de la patrie.

Au fond de l'arcade est sculpté le manteau royal aux armes de Hollande, que surmonte la couronne si dignement portée par le roi Louis, et si courageusement déposée par lui, dès qu'il ne crut plus pouvoir régner avec indépendance.

Sur la face antérieure du tombeau, on lit l'inscription suivante :

« Hortense-Eugénie de Beauharnais, duchesse
« de Saint-Leu, reine de Hollande, née à Paris,

« le 10 avril 1783, fille du premier lit de Marie-
« Rose-Joséphine de Tascher de la Pagerie, Im-
« pératrice des Français, et du vicomte Alexandre
« de Beauharnais ; belle-fille de Napoléon Ier, Em-
« pereur des Français, mariée à Paris, le 3 janvier
« 1802, à Louis-Napoléon, roi de Hollande ; dé-
« cédée en son château d'Arenenberg, le 5 octo-
« bre 1837. »

V

L'Empereur Napoléon III a pour les sépultures de l'impératrice Joséphine et de la reine Hortense le culte le plus pieux. Aussi comprendra-t-on la munificence toute particulière de ce souverain pour la modeste église de Rueil.

Le dimanche 10 avril 1864, une double solennité eut lieu dans ce temple. Mgr Mabile, évêque de Versailles, vint y bénir l'orgue donné par Napoléon III et baptiser la cloche dont LL.

MM. l'Empereur et l'Impératrice étaient parrains.

Le buffet d'orgue provient du couvent de Santa-Maria-Novella, de Florence. L'Empereur, qui connaissait la valeur artistique de cette œuvre, due à Baccio d'Agnolo, sculpteur florentin, contemporain de Michel-Ange, le fit acheter et le donna à l'église de Rueil. La finesse, l'élégance, la variété des sculptures de ce buffet rappellent la main puissante de l'artiste qui construisit le maître-autel de la Nunziata et dota Florence d'une foule d'autres merveilleux ouvrages de ce genre.

La partie inférieure, formant tambour au devant de la porte principale, est de construction moderne et se relie parfaitement avec l'architecture de l'église et le travail de Baccio d'Agnolo.

Ce buffet représente un grand portique divisé par trois pilastres ornés supportant un entablement complet, avec arcatures retombant sur des consoles sculptées à jour et garnies de tuyaux.

Au point de vue de l'art, cette œuvre est remarquable par l'habileté avec laquelle l'artiste a sacrifié les proportions usuelles pour produire un nouvel effet décoratif. L'ampleur de l'entablement qui couronne dignement tout l'ensemble, l'élégante proportion des pilastres qui laisse à la partie instrumentale la plus grande ouverture possible, les arcatures à jour qui ornent la masse des tuyaux sans la couvrir autrement que pour en corriger la monotonie, la disposition harmonieuse des tores et l'ensemble du travail sont véritablement l'œuvre d'un maître, et peuvent être utilement étudiées, même dans notre pays, où les artistes nous ont cependant habitués depuis longtemps aux grandes et belles choses.

La partie instrumentale est entièrement nouvelle; elle a été exécutée par M. Cavaillé-Coll, à qui nous devons les grandes orgues de Saint-Denis, de la Madeleine et de Saint-Sulpice.

Elle se compose de quinze jeux distribués sur deux claviers complets, d'un pédalier, de cinq pédales de combinaison et de cinquante-deux tuyaux de montre. Le mécanisme est établi d'après les principes les plus nouveaux, et malgré le petit nombre de jeux qui le compose, cet orgue possède une plénitude de son fort remarquable; aussi offre-t-il à l'organiste toutes les ressources d'un grand instrument.

Quant à la cloche, elle pèse 1,320 kilogrammes, et sa hauteur, égale à son diamètre inférieur, est de 1 mètre 34 centimètres.

Trois lignes circulaires, accompagnées d'une élégante découpure, portent les inscriptions suivantes

« Je m'appelle Napoléone-Eugénie, ayant eu
« pour parrain S. M. Napoléon III et pour mar-
« raine S. M. l'impératrice Eugénie. J'ai été bap-
« tisée le dimanche 10 avril 1864, par Mgr Mabile,
« évêque de Versailles, M. Baron étant curé, M.
« Adrien Cramail, maire, et MM. Besche, Perroud,
« Laborde, Collombe-Clère, Dussaussay, marguil-
« liers. »

Au-dessous de ces inscriptions se trouvent deux écussons représentant, l'un Napoléon III, l'autre l'impératrice Eugénie, et un peu plus bas, entre les deux écussons, sont les armes impériales. Du côté opposé, il y a un Christ en croix. Enfin, vient une zone ornée d'un ruban de feuillage, et le nom de M. Hildebrand, fondeur de l'Empereur.

VI

Le 5 octobre 1837! Cette date nous rappelle que, quelques années auparavant, en 1831, lors de son passage en France, la reine Hortense était venue prier devant la tombe de sa mère.

« Quel sentiment douloureux m'oppressa, dit-elle [1], lorsque j'entrai dans ce lieu, que je me mis à genoux devant cette image chérie, et que

[1] *La reine Hortense en Italie, en France et en Angleterre*, p. 265 et 266.

la triste pensée me vint que de tout ce qu'elle avait aimé, je restais seule avec mon fils, isolée et obligée de fuir même le lieu où elle reposait. La quantité de fleurs qui ornaient ce monument, que mon frère et moi avions eu tant de peine à obtenir la permission de faire élever, me prouva qu'elle était restée au moins au milieu de ses amis, auxquels son souvenir était toujours cher. Sa fille seule était oubliée... »

« ... Je m'arrêtai à la porte du château de la Malmaison. Je tenais à y entrer. C'est de là que l'Empereur avait quitté la France pour jamais! C'est là que je fus heureuse d'adoucir par mes soins les tristes moments où tout l'abandonnait, et où, du faîte de la plus grande des gloires, il tombait dans la plus grande des infortunes.

« Après Waterloo, je le vis encore plein de courage, oubliant son propre malheur, voulant à tout prix sauver la patrie, prédisant tout ce qui allait arriver si elle ne se défendait, et sentant tout ce qu'elle avait encore de force réunie à lui... »

« ... Ah! je n'étais venu chercher en France que des tombeaux, et je m'y voyais seule du passé avec mes souvenirs... »

Et la Reine, le cœur déchiré, regagna la terre étrangère. Là, une suprême consolation lui avait été réservée par la Providence : celle d'embrasser son fils chéri et de le bénir sur son lit de mort!

« Mon cher fils, lui écrivait-elle le 3 avril 1837 [1], on doit me faire une opération absolument nécessaire. Si elle ne réussit pas, je t'envoie par cette lettre ma bénédiction. Nous nous retrouverons, n'est-ce pas? dans un meilleur monde, où tu ne viendras me rejoindre que le plus tard possible, et tu penseras qu'en quittant celui-ci, je ne regrette que toi, que ta bonne tendresse, qui seule m'y a fait trouver quelque charme. Cela sera une consolation pour toi, mon cher ami, de penser que par tes soins tu as rendu ta mère heureuse autant qu'elle pouvait l'être. Tu penseras à toute ma tendresse pour toi et tu auras du courage. Pense qu'on

---

[1] *Revue de l'Empire*, 1re année (1842), p. 66.

a toujours un œil bienveillant et clairvoyant sur ce qu'on laisse ici-bas; mais, bien sûr, on se retrouve. Crois à cette douce idée! elle est trop nécessaire pour qu'elle ne soit pas vraie. Ce bon Arèse [1], je lui donne aussi ma bénédiction comme à un fils. Je suis bien calme, bien résignée, et j'espère encore que nous nous reverrons dans ce monde-ci. Que la volonté de Dieu soit faite!

« Ta tendre mère,

« HORTENSE. »

A cet appel de sa mère, le prince Louis-Napoléon, qui était alors aux États-Unis, ainsi que nous l'avons dit déjà, s'embarqua immédiatement pour l'Europe, et malgré les entraves que lui suscita l'ambassade française à Londres, il put arriver à Arenenberg le 5 août 1837. Deux mois après, jour pour jour, il recevait les derniers soupirs de cette

---

[1] M. le comte Arèse, qui était l'un des amis les plus dévoués du prince Louis-Napoléon, avait été le rejoindre aux États-Unis.

mère si tendrement aimée, qui mourait, âgée de cinquante-quatre ans.

« Quelques moments avant d'expirer, a dit un témoin oculaire [1], la reine Hortense voulut tendre la main à chacun des gens de sa maison, ils versaient tous d'abondantes larmes, tandis qu'elle était calme et résignée. Elle avait à ses genoux, au pied de son lit, son fils et le docteur Conneau, attaché depuis longtemps à sa personne, et dont les soins assidus ont prolongé sa vie et adouci ses souffrances. Un grand silence régnait dans cette chambre où la mort allait passer. La Reine se tourna lentement vers son fils et vers le docteur, puis, d'une voix éteinte, elle dit : « Mes amis, priez pour moi. Je n'ai jamais fait de mal à personne, et j'espère que Dieu aura pitié de moi. Adieu, Louis ! »

« Son fils se jeta dans ses bras; elle le pressa sur son cœur avec une force surnaturelle, et s'écria

---

[1] *Revue de l'Empire*, 1re année (1842), p. 68 et suivantes.

encore une fois avec véhémence : « Adieu, adieu ! »

« Retombant alors épuisée, sa noble figure reprit une sérénité angélique et ses paupières se fermèrent.

« Son fils se pencha vers elle, et d'une voix qu'il essayait en vain de rendre calme, il lui dit : « Ma mère, me reconnaissez-vous?... c'est votre fils... votre Louis ! ma mère !... » Elle fit un effort prodigieux pour parler et pour ouvrir les yeux, mais ses lèvres déjà froides et ses paupières paralysées ne purent répondre à ce cri déchirant que par un mouvement imperceptible. Sa tendresse maternelle si vraie, si profonde, avait apporté à son âme à moitié exhalée la voix de son fils. Un faible frémissement de la main qu'il tenait, le lui apprit, et presque au même instant, le dernier soupir de sa mère retentit dans son cœur.

« Les sanglots éclatèrent alors ! Le prince Louis-Napoléon resta seul dans une grande immobilité, à genoux devant sa mère, la tête appuyée sur sa main. »

Avant de rendre son âme à Dieu, la Reine avait fait promettre au docteur Conneau de ne plus quitter son fils. On sait avec quel pieux dévouement ce noble cœur a tenu sa promesse.

Du jour où la reine Hortense avait senti la gravité de la maladie dont elle était atteinte, elle écrivit d'abord à son fils la lettre que nous venons de reproduire, puis, à la même date, c'est-à-dire le 3 avril 1837, elle fit son testament, où pas un de ceux qui lui furent chers à divers titres, ne se trouva oublié.

VII

Voici ce testament, que nous empruntons aussi à la *Revue de l'Empire*.

« Moi, Hortense-Eugénie, voulant régler mes affaires comme elles l'exigent à cette heure, je décide que mon premier testament doit être regardé comme non avenu, puisque maintenant mon fils hérite seul de tout ce que je possède. Je veux donc, en son absence, et dans le cas où je ne survivrais pas à l'opération qu'on va me faire, régler ce que mon fils réglerait lui-même s'il était près de moi, éviter des embarras à ceux qui m'entourent, et donner des marques de souvenir aux personnes qui me sont chères.

« *Je voudrais pouvoir être transportée en France et placée dans le même caveau où ma mère repose, à Rueil.*

« Je prie madame Salvage de vouloir bien être mon chargé d'affaires. Je compte sur son dévouement jusqu'à la fin ; elle m'en a déjà donné tant de preuves et elle connait parfaitement mes affaires.

« Madame Salvage est donc mon exécuteur testamentaire. Elle fera la distribution des bijoux que je laisse à ma famille et à mes amis.

« Madame Salvage conservera aussi mes Mémoires jusqu'à ce qu'elle puisse les remettre à mon fils.

« Je donne à mon neveu Napoléon-Jérôme (second fils du Prince de Montfort) 20,000 fr.

« Je laisse à ma cousine la grande-duchesse de

Bade les boucles d'oreilles en perles fines qui me viennent de ma mère et que je porte constamment. Ce sera sans doute le dernier objet qui m'aura touchée, car il faudra les ôter de mes oreilles après ma mort ; elle y pensera avec douceur, j'espère, et je désire que ce souvenir soit pour elle une preuve de ma tendre amitié.

« Je laisse à la princesse douairière de Hohenzollern-Sigmaringen, qui a toujours été pour moi une mère et une amie, deux colonnes en jaspe qui m'ont été données par le pape Pie VII.

« Je laisse à ma nièce Joséphine (princesse royale de Suède), ma parure complète de perles d'or soufflées ; à ma nièce Eugénie (princesse de Hohenzollern-Léchingen), une parure d'acier complète.

« Je laisse à ma nièce Amélie (l'Impératrice duchesse de Bragance), une écritoire avec mon portrait et celui de mes deux fils enfants ;

« A ma nièce Théodolinde (princesse de Leuchtenberg), un bracelet avec le portrait de son père ;

« A ma belle-fille (princesse Charlotte-Napoléon), mes petits bracelets avec le portrait de mes deux fils, et un bouquet de diamants ;

« A ma nièce Mathilde (princesse de Montfort), mes bracelets en pierres de couleur ;

« A ma nièce Marie (princesse de Bade), un collier de scarabées égyptiens.

« A ma nièce Joséphine (princesse de Bade), un nécessaire en acier et une bague ;

« A mon cousin, le comte Louis de Tascher de la Pagerie, un camée ;

« A ses quatre filles, tout mon corail ;

« A Joséphine Tascher, qui est à Paris, un camée en épingle ;

« A ma cousine Hortense de Beauharnais, un collier de petites perles fines avec un talisman en émeraude ;

« A madame de Forget, une paire de boucles d'oreilles en cœur ;

« Je laisse à la comtesse Cafarelli un châle de cachemire. Je désire que ce faible souvenir lui rappelle le noble dévouement qu'elle a mis à venir m'offrir de faire le service de dame près de moi dans un moment dangereux où bien d'autres s'en seraient dispensées, et où elle avait d'autant plus de mérite à le faire qu'elle n'était pas de ma maison d'honneur ; mais les nobles caractères comme le sien sentent qu'ils s'élèvent en cherchant à servir le malheur.

« Je laisse à la maréchale Ney un nécessaire en acier qui me vient de la princesse Borghèse ;

« A la duchesse de Frioul (Madame Fabvier), un bracelet en turquoises ;

« A madame de Boubers (ancienne gouvernante de Napoléon II et des enfants de la reine Hortense), un châle de cachemire ;

« A la duchesse de Raguse, un bracelet en turquoises ;

« A madame Salvage, mon épingle émaillée que je porte tous les jours, et mon mantelet de dentelles, doublé de bleu.

« A la fille de madame Hay, ma filleule (fille de

M. Monroë, ancien président des États-Unis), une broche en pierres précieuses;

« A madame Roux de Diamani, un châle de cachemire blanc;

« A mademoiselle Masuyer, un châle de cachemire bleu lapis, épingles, broches et bracelets en chrysoprase;

« A mademoiselle de Périgny, un châle de cachemire bleu de ciel et un collier;

« A madame Macaire, un fichu de dentelle;

« A la petite Claire Parquin (fille du commandant), tous les bijoux et les tableaux que son oncle Carli a en dépôt, hors les pièces de dentelles que M. Cochelet remettra à mon fils;

« Je laisse à madame Récamier, comme un souvenir des soins et de l'intérêt qu'elle m'a témoignés à Rome, dans le moment d'une de mes plus douloureuses pertes, un voile de dentelle;

« Je laisse à Hortense, ma filleule, fille du général Bertrand, un camée monté en épingle;

« A M. de Vessemberg, dont j'estime le caractère, un tableau;

« Au baron Félix Desportes, une épée;

« Au colonel Vaudrey, pour le dévouement qu'il a montré à mon fils, un portrait de l'Empereur;

« A M. Seymour Hamilton, ancien ministre d'Angleterre en Toscane, un camée entouré de perles fines; c'est pour lui rappeler toute ma reconnaissance.

« Au fils de M. de La Vigne, mon filleul, une montre avec la chaîne.

« A M. Parquin, une bague;

« A M. Vieillard (ancien gouverneur du prince Napoléon), une bague;

« A M. Cottrau, une bague en émeraudes, et un châle pour sa sœur;

« Au comte Arèse, une grande turquoise gravée;

« Au colonel Dufour, à Genève, un déjeuner en plaqué;

« A M. de Querelles, une bague ;

« Je laisse au gouvernement du canton de Thurgovie, une pendule dorée, que je désire qu'il place dans la salle du grand conseil. Que ce souvenir lui rappelle le noble courage qu'il a mis à me conserver une tranquille hospitalité dans ce canton.

« Je donne à M. le docteur Conneau vingt mille francs de gratification et une montre, comme souvenir de son dévouement à venir me soigner. Je désire beaucoup que mon fils puisse le garder près de lui.

« Je prie mon fils de conserver une pension à mesdemoiselles Masuyer et Périgny, comme souvenir de leurs bons soins pour moi.

« J'espère que mon fils conservera toujours chez lui Vincent Rousseau ; son dévouement et son désintéressement ne sauraient être payés. Je veux qu'il sache tout le cas que je fais de lui, et le désir qu'il serve mon fils comme il m'a servie [1].

[1] Vincent Rousseau, qui était frère de lait de la reine Hortense, est mort en 1842, au château d'Arenenberg, où il exerçait les fonctions de régisseur.

« Je demande à madame Salvage la preuve d'amitié de s'occuper de tous ces détails d'exécution. Elle connait toute ma confiance en elle. Je n'ai plus la force de fixer d'autres détails moi-même.....

« Que mon mari donne un souvenir à ma mémoire, et qu'il sache que mon plus grand regret a été de ne pouvoir le rendre heureux.

« Je n'ai point de conseils politiques à donner à mon fils. Je sais qu'il connait sa position et tous les devoirs que son nom lui impose.

« Je pardonne à tous les souverains avec lesquels j'ai eu des relations d'amitié la légèreté de leur jugement sur moi.

« Je pardonne à tous les ministres et chargés d'affaires des puissances la fausseté des rapports qu'ils ont constamment faits sur moi.

« Je pardonne à quelques Français auxquels j'avais pu être utile, la calomnie dont ils m'ont accablée pour s'acquitter ; je pardonne à ceux qui l'ont crue sans examen, et j'espère vivre un peu dans le souvenir de mes chers compatriotes.

« Je remercie tous ceux qui m'entourent, ainsi que mes serviteurs, de leurs bons soins, et j'espère qu'ils n'oublieront pas ma mémoire.

« Arenenberg, le 3 avril 1837.

« Signé Hortense. »

VIII

En remontant les degrés de l'escalier qui nous a conduit dans la crypte, nous lisons une prière pour la reine Hortense, imprimée en argent sur papier noir et enfermée dans un petit cadre scellé au mur. Elle a été écrite par madame Maria Delcambre, femme de l'un de nos ingénieurs les plus distingués, à l'occasion de l'anniversaire de 1852.

Voici cette prière :

Mon Dieu! si vers ton ciel j'élève ma prière,
Que son voile sacré te cache ma misère!
Prier, c'est te bénir, tu le sais, ô Seigneur,
Et l'encens, sur l'autel, est le parfum du cœur.
Comme un ange endormi dans la splendeur divine,
Une reine repose à l'abri du saint lieu :
Devant sa tombe aimée, en pleurant, je m'incline,
Et de fleurs, de prières offre un bouquet d'adieu.
O linceul! ô tombeau! que d'amour tu recèles!
Quel trésor précieux dort sous tes froides ailes!
Seigneur, pour ranimer un si généreux cœur,
L'âme du peuple entier monte vers toi, Seigneur;
Mais il faut adorer ta loi mystérieuse,
Elle vit dans ton ciel suprêmement heureuse :
Pourquoi la tant pleurer? Que demandait sa foi?
Elle disait : « Mon Dieu! ma plus chère espérance,
 « C'est le repos en toi,
 « C'est une tombe en France! »

Mais la porte qui mène à la crypte s'est refermée sur le silence du tombeau. Nous voilà de nouveau devant les statues de la reine Hortense et de l'impératrice Joséphine! Un rayon de soleil illumine ces pâles visages de marbre blanc. La paix est sur leurs fronts, une action de grâce semble s'échapper de leurs lèvres pour monter vers le ciel.

C'est qu'au delà des ombres de la mort et du froid de la tombe, leurs âmes immortelles veillent, satisfaites, sur les destinées de leur fils et petit-fils, Napoléon III !

IX

Avant de nous éloigner de cette sainte demeure, nous ne pouvons oublier qu'elle a recueilli pendant trois mois les restes mortels de madame la duchesse de Berwick et d'Albe, et que, durant ce laps de temps, l'impératrice Eugénie est venue, presque tous les jours, répandre ses larmes et ses prières sur le cercueil de sa sœur adorée.

La duchesse d'Albe, disions-nous dans notre

LA REINE HORTENSE

Etude sur Napoléon III, était morte à peine âgée de trente-cinq ans. Sa beauté, sa grâce, son esprit, l'avaient rendue l'arbitre de l'élégance, l'âme de toutes les fêtes de Madrid. Si son empire était grand dans les salons, son nom était aussi bien connu parmi les pauvres, dont elle était la bienfaitrice. Les fatigues, les inquiétudes qu'elle éprouva par suite de la maladie de l'un de ses enfants, portèrent de graves atteintes à sa santé. On la conduisit à Paris pour consulter les plus habiles médecins; mais déjà le mal défiait toutes les ressources de la science.

Cette femme, comblée de tous les dons de la fortune, cette heureuse mère, fille adorée, sœur et amie intime de souveraines, montra dans ses derniers moments une force d'âme et une résignation dignes de sa race. Au milieu de vives souffrances, elle ne perdit jamais sa sérénité ni même ce doux enjouement que ses amis lui connaissaient. Elle semblait ne s'appliquer qu'à ranimer les espérances ou plutôt les illusions de sa mère, tandis que celle-ci trouvait le courage de lui cacher les angoisses de son inquiétude.

Elle expira, le sourire sur les lèvres, le 16 septembre 1860, au moment où l'impératrice Eugénie abordait dans la capitale de nos possessions algériennes.

Rien ne peut peindre la douleur poignante de l'Impératrice lorsqu'elle apprit que cette sœur chérie n'existait plus, et qu'elle était là, couchée, froide, inanimée sous les caveaux de la Madeleine.

Ce fut le dimanche 23 septembre que ces restes précieux furent transportés dans la chapelle Saint-Vincent, de l'église de Rueil, qui avait été disposée en chapelle ardente.

Le 21 du même mois, Leurs Majestés débarquaient à Port-Vendres, revenant d'Algérie, et c'est en mettant le pied sur le sol français que l'Impératrice apprit la mort de sa sœur bien-aimée.

Le lendemain même de son arrivée à Saint-Cloud, l'Impératrice, accompagnée de sa mère, madame la duchesse de Montijo, et du marquis de La Grange, son écuyer, vint s'agenouiller dans l'église de Rueil, au pied du cercueil qui lui dérobait cette chère sœur, si étroitement liée à sa pensée. Entourant de ses bras la bière muette, inexorable, l'Impératrice appelait sa sœur : « Parle-moi, parle-moi donc ! » s'écriait-elle, et ses paroles étaient brisées par les sanglots.

Nous n'essayerons pas de dépeindre l'émotion de cette scène déchirante.

Après une longue et douloureuse station, S. M. l'impératrice Eugénie se retira en recommandant à M. le curé de Rueil de dire une messe chaque jour pour le repos de l'âme de la duchesse d'Albe jusqu'au moment de la translation de son corps en Espagne.

Pendant cette période de temps, Sa Majesté vint, plusieurs fois par semaine, entendre la messe qui se disait dans la chapelle Saint-Vincent, et tous les jours, elle envoyait un bouquet que l'on déposait sur le cercueil.

Le 15 novembre, l'Impératrice envoya également à Rueil tous les bouquets qui lui avaient été offerts à l'occasion de sa fête, pieux et touchant hommage qui allait chercher au delà de la mort sa sœur tant regrettée.

Deux fauteuils avec prie-Dieu restèrent en permanence au pied du cercueil ; ils étaient destinés à Leurs Majestés, et fréquemment l'Empereur accompagna l'Impératrice dans ce pieux pèlerinage. Par une singulière coïncidence, ces fauteuils avaient été placés juste au-dessus du caveau dans lequel le corps de l'impératrice Joséphine resta déposé du 2 juin 1814 au 29 mai 1825, jour où il fut placé dans le massif du socle qui supporte le monument élevé à leur mère par le prince Eugène et la reine Hortense.

Le 19 décembre, le corps de la duchesse d'Albe fut enlevé pour être transporté en Espagne. A sept heures et demie du matin, l'impératrice Eugénie se rendit à l'église de Rueil. Là, après bien des larmes et de ferventes prières, Sa Majesté baisa la dalle sur laquelle avait reposé le cercueil, puis, elle remonta en voiture et accompagna le cortége funèbre jusqu'à la station du chemin de fer de Saint-Cloud.

SAINT-LEU

I

Le 25 juillet 1846, l'ancien roi de Hollande, Louis-Napoléon, mourait à Livourne, à l'âge de soixante-huit ans. C'est en vain qu'il avait espéré embrasser son fils à l'heure suprême; c'est en vain que, faisant violence à la dignité et à la réserve de son caractère, il avait demandé ce fils bien-aimé à ceux qui s'étaient faits ses geôliers à Londres, après l'avoir, pendant six ans, retenu captif au fort de Ham !

Cet appel de l'illustre mourant ne fut pas entendu, et sa main, glacée par l'agonie, chercha inutilement sur sa couche funèbre celle de l'un des membres de sa famille. Son frère, le roi de Westphalie, Jérôme-Napoléon, qui s'était hâté d'accourir à Livourne, ne put arriver assez à temps pour recevoir son dernier soupir et recueillir ses dernières volontés.

Le testament du roi Louis, fait à Florence, le 1ᵉʳ décembre 1845, fut ouvert le 26 juillet 1846, le lendemain de sa mort.

Après avoir recommandé son âme à Dieu, le Roi émet le vœu que son corps soit transporté à Saint-Leu, près Paris, pour être réuni aux cendres de son père, Charles Bonaparte, et de son fils aîné, mort en Hollande en 1807.

« Il désire que le corps de son fils [1], mort en

[1] *Revue de l'Empire*, 4ᵉ année (1845), p. 277 et suivantes.

Italie, en 1831, soit également transporté à Saint-Leu. Il affecte une somme de 60,000 francs à l'érection d'un tombeau. *J'ai, dit-il, porté le nom de ce village quarante ans, et j'aimais ce lieu plus que tout autre.*

« Il fait cadeau des biens qu'il avait en Hollande à l'administration municipale d'Amsterdam, afin que la rente serve tous les ans à secourir les malheurs causés par l'inondation. Ces biens se montent à une valeur d'un million de francs.

« Il laisse aux pauvres de Florence une assez forte somme, et au grand-duc de Toscane le buste colossal exécuté par le célèbre Canova, représentant l'empereur Napoléon. Il prie S. A. le grand-duc de Toscane de l'accepter comme une preuve de sa reconnaissance pour l'asile qu'il lui a donné.

« Il fait don à la grande-duchesse de Toscane d'un beau vase en porcelaine de Sèvres, et aux quatre sœurs de l'hôpital de Saint-Leu, en France, d'une rente de 100 francs chacune.

« Il laisse 2,500 francs aux pauvres de Civita-

Nova, et des pensions à vingt pauvres de Florence.

« Il donne à son frère Jérôme Bonaparte, prince de Montfort, la propriété de sa loge au théâtre de Florence, qui représente une valeur de 60,000 fr.

« A son neveu Napoléon, fils du prince de Montfort, un très-beau diamant.

« A son autre neveu Jérôme, un souvenir analogue, et à la princesse Mathilde Demidoff, une parure en rubis.

« A son neveu Don Louis, fils du prince de Canino, sa belle villa de Montughi, avec les terres, les dépendances et tous les meubles estimés 200,000 francs.

« A son pupille Francesco Castel-Vecchio, la somme de 150,000 francs.

« Après avoir fait d'autres legs moins importants à tous ses serviteurs et à ses exécuteurs testamentaires, le roi Louis termine ainsi :

« Je laisse tous mes autres biens, le palais de Florence, la grande terre de Civita-Nova, etc., etc..., mes biens meubles et immeubles, actions et créances, enfin tout ce qui, à l'époque de ma mort, constituera mon héritage, sans y rien exclure, sauf les dispositions ci-dessus, à mon héritier universel Charles-Louis-Napoléon, seul fils qui me reste, auquel fils et héritier je laisse, comme témoignage particulier de ma tendresse, mon *Dunkerque*, situé dans ma bibliothèque, avec toutes les décorations et souvenirs qu'il contient ; et comme témoignage encore plus particulier d'affection, je lui laisse tous les objets qui ont appartenu à mon frère, l'empereur Napoléon, lesquels sont renfermés dans un meuble construit à cet effet. »

Après sa mort, le corps du roi Louis fut embaumé et déposé provisoirement dans l'église de Sainte-Catherine de Livourne, en attendant qu'on pût le transporter en France, suivant le vœu émis dans le testament du 1er décembre 1845.

Ce ne fut que le 15 septembre 1847 que les restes mortels du roi Louis et de son fils Napoléon-Louis, mort à Forli, le 17 mars 1831, furent déposés, par les soins de M. le docteur Conneau, dans l'église de Saint-Leu.

Le 29 septembre 1847, les funérailles du roi Louis s'accomplirent dans cette église avec la plus touchante solennité.

Ce jour-là, cinq cents vieux soldats de l'Empire, venus de tous les points de la France, se firent un devoir d'assister à cette touchante cérémonie. Rangés en bataille au milieu de la nef, ces braves furent profondément émus lorsqu'ils virent s'avancer le prince Napoléon-Jérôme, donnant le bras à sa sœur, la princesse Mathilde. Ils songeaient au fils exilé, au prince Louis-Napoléon, qui n'avait pu embrasser son père, mourant, et qui ne pouvait même pas s'agenouiller sur sa tombe.

Les cercueils du roi Louis et de son fils restèrent déposés provisoirement dans la chapelle où l'on voit aujourd'hui les sépultures de la baronne de Broc, de la comtesse de Laville et de la maréchale Ney, trois sœurs, trois amies dévouées à la reine Hortense.

II

L'église de Saint-Leu, dont l'origine date du seizième siècle, était dans un tel état de délabrement et de vétusté qu'on ne pouvait songer sérieusement à la restaurer. Un des premiers soins du Prince-président de la République fut de la reconstruire en l'agrandissant. En 1849, cette reconstruction fut confiée par le prince Louis-Napoléon à l'un de nos plus habiles architectes, M. Eugène

Lacroix, actuellement architecte des palais impériaux.

Une crypte, occupant tout l'emplacement du chœur, reçut les cercueils de Charles Bonaparte [1], de Louis Bonaparte, roi de Hollande, de Napoléon-Louis-Charles Bonaparte, prince royal de Hollande, mort à La Haye, et de Napoléon-Louis, son frère, mort à Forli.

Le sanctuaire, la nef, les bas-côtés et les chapelles restèrent affectés à l'exercice du culte.

On ne put conserver de l'ancienne église que le caveau funéraire et la chapelle où reposent madame la baronne de Broc et ses sœurs. Tout le reste est moderne.

Le type de l'édifice est celui d'un grand nombre d'églises des premiers temps de l'ère chrétienne et qui dérive lui-même de la basilique des Romains.

Sur la porte principale d'entrée, on voit une

---

[1] En 1814, le prince de Condé avait fait reléguer les restes mortels de Charles Bonaparte et de son petit-fils dans un caveau de l'église.

peinture murale représentant le Christ, avec cette double inscription :

> Gloire à Dieu dans les cieux.
> Je suis la lumière du monde.

Sur la porte latérale de gauche, un Saint-Esprit est sculpté dans une rosace, et au bas on lit :

> Consolation des affligés, priez pour nous.

Sur la porte de droite, on remarque la brebis du Bon Pasteur et l'inscription suivante :

> Le pain que je donne, c'est ma chair.

Toutes ces peintures sont sur émail et faites par M. Sébastien Cornu, artiste d'une grande modestie, mais d'un talent réel et très-sympathique.

Quand on pénètre dans l'église, on est tout d'abord frappé de l'harmonieuse simplicité de la nef et des bas-côtés. Les fidèles voient au-dessus de leurs têtes les charpentes apparentes simplement ornées. Cette sobriété de décoration est rendue plus sensible encore par les peintures murales du sanctuaire et du chœur, et par les vitraux, qui laissent voir dans un demi-jour le monument commémoratif du roi Louis.

Cette œuvre importante est due au ciseau de M. Petitot, membre de l'Institut, qui avait été désigné pour exécuter ce travail par l'ancien roi de Hollande lui-même. Le célèbre sculpteur consacra quinze ans à son travail, et mourut quelques mois seulement après avoir achevé cette œuvre importante. Tout le monument est en marbre foncé, dit *marbre Napoléon*.

Placé dans une chapelle qui fait suite au maitre-autel, dont il est séparé par une clôture à jour, ce monument offre un caractère imposant.

Le roi de Hollande est représenté debout, portant le manteau royal, la main étendue sur la couronne et le sceptre qu'il vient de déposer. La tête est belle et noblement accentuée ; la pose est naturelle ; le geste, la ressemblance parfaite des traits; tout, dans cette belle composition, saisit et captive.

Aux côtés du Roi sont les deux statues allégoriques de la Religion et de la Charité.

Sur la partie supérieure du socle sont sculptés trois médaillons représentant Charles Bonaparte et ses deux petits-fils; au-dessous de ces médaillons, on voit la couronne et les armes du roi de Hollande.

Au-dessus du monument, des peintures murales représentent saint Louis, saint Napoléon et saint Charles.

Sous le clair obscur que produit la lumière tamisée par les vitraux, on lit sur le piédestal du monument qu'entoure une guirlande, l'inscription suivante :

A LOUIS-NAPOLÉON

ROI DE HOLLANDE

FRÈRE DE L'EMPEREUR NAPOLÉON Ier

NÉ A AJACCIO LE 2 SEPTEMBRE 1778

MORT A LIVOURNE LE 25 JUILLET 1846

Selon les volontés du roi Louis, ses dépouilles mortelles, réunies à celles de son père, Charles Bonaparte, et de ses fils, Napoléon-Louis-Charles et Napoléon-Louis, reposent dans ce même lieu.

III

De toutes ses grandeurs passées, de toutes ses résidences princières, une seule était restée pour l'ancien roi de Hollande la plus chère, la plus précieuse : c'était celle qui lui gardait un tombeau.

Toute sa vie se résume dans cette devise, qui fut celle de l'ordre établi par lui en Hollande :

Fais ce que tu dois, advienne que pourra.

« Si l'Empereur, dit Napoléon III dans ses *Con-*

sidérations sur la Suisse, eût nommé un général français au lieu de son frère en 1811, les Hollandais se fussent battus contre la France. Mon père, au contraire, ne croyant pas pouvoir concilier les intérêts du peuple qu'il était appelé à gouverner avec ceux de la France, préféra perdre son royaume plutôt que d'aller contre sa conscience ou contre son frère. L'histoire nous offre rarement un aussi bel exemple de désintéressement et de loyauté. »

En 1814, lorsque la France fut envahie par les armées alliées, on vit accourir le roi Louis, malade, épuisé, pouvant à peine se tenir à cheval, pour défendre son pays. Ferme et courageux jusqu'à la dernière heure, il insista pour que l'impératrice Marie-Louise restât dans Paris au lieu de se diriger vers Blois.

Refusant toute faveur des souverains alliés, il se retira, sous le nom de comte de Saint-Leu, d'abord à Rome, puis à Florence, où il donna constamment l'exemple de la dignité dans l'exil, en même temps que, dans sa bienfaisance éclairée, il allait au-devant de toutes les infortunes. Simple dans ses goûts et dans ses habitudes, il aimait à vivre loin du faste et du bruit.

Dans ses *Documents historiques et réflexions sur le gouvernement de Hollande,* le roi Louis a tracé avec une grande force de vérité toute la difficulté de sa situation lorsqu'il fut appelé à gouverner cette nation.

« L'on ne devrait pas, dit-il, se hâter de juger les actions des hommes publics, principalement en des circonstances éminemment extraordinaires, car pour porter sur eux un jugement réel, c'est-à-dire équitable, il faut connaître la situation véritable où ils furent placés, les moyens qu'ils eurent à leur disposition, les obstacles et les difficultés qu'ils eurent à vaincre, comme les événements publics et privés, patents et secrets, qui troublèrent le cours de leur vie.

« Les actions des hommes ne sont pas seulement le résultat de leur intelligence et des événements et vicissitudes du monde, mais encore celui de la combinaison de ces événements et vicissitudes avec le caractère, et peut-être aussi le tempérament de chacun. Le génie ne dépend pas de soi; il n'y a que les lumières nécessaires pour vivre honnêtement, qui soient certainement le partage de tous.

« Un homme, né modéré et sans ambition, mais non dépourvu de moyens et de caractère, se trouvait glorieux et satisfait de voir son frère et sa famille l'objet du choix de ses concitoyens; vivement attaché à son pays, ne concevant pas de plus grand bien que celui de l'existence indépendante et occupée d'un simple particulier, il est d'abord élevé, malgré lui, près du trône impérial, et ensuite porté sur le trône de Hollande. Soudainement transplanté à l'étranger, isolé, sans appui, sans autres préparations et d'autres guides que son cœur et ses réflexions. Il eut d'abord à combattre les obstacles nombreux que devait naturellement rencontrer, en des circonstances critiques, un étranger et un roi, chez un peuple doué d'une intelligence supérieure, essentiellement juste et raisonnable, mais en même temps républicain, difficile, frondeur, ennemi de tout frein, et surtout de frein étranger. Bientôt, il eut encore à lutter contre les démarches ostensibles et les menées secrètes du gouvernement qui aurait dû être son appui, qui seul pouvait l'être, et à l'influence duquel il était redevable de son élévation. Au dedans, au dehors, de quelque côté qu'il tournât les yeux, il ne trouva qu'obstacles, que pièges, et nulle part, ni appui, ni conseil sincère, ni secours, ni espérance, car ses devoirs furent toujours le but de sa conduite; ses principes partaient de son cœur; il n'aurait pu en changer quand même il l'aurait voulu, et, dès lors, il n'y avait pour lui ni secours, ni appui, ni espérance chez les ennemis de la France. »

On aime à voir le roi Louis, dans sa retraite, s'adonner à la culture des lettres et se charger du soin de réfuter avec autant de vigueur que de talent l'*Histoire de Napoléon*, de sir Walter Scott.

« Que ceux, dit-il à la fin de ce remarquable travail, qui reprochent à Napoléon d'avoir tenu les rênes d'une main trop ferme, d'avoir peu considéré les intérêts secondaires pour suivre et avancer l'intérêt général de la France, songent aux difficultés extérieures des temps et de sa position, et principalement à la presque impossibilité d'échapper au piége de la flatterie et du double système d'intrigues intestines formées contre lui dès l'origine de sa puissance, et il sera pleinement justifié.

« Il succomba enfin sous la trahison longtemps préparée et les vicissitudes de sa fortune, lorsque la plus habile de ses manœuvres lui aurait produit la victoire la plus éclatante et la plus décisive qui fut jamais, si Paris avait pu résister quelques jours.

« Il tomba, mais tout armé, mais en emportant l'estime et même le respect de ses ennemis, les pleurs de ses soldats et les vifs regrets de la majorité de la nation. Peu de mois après, ces vœux et ces regrets le rappellent, et presque seul, il reparait sur le sol de son ancien Empire contre un Roi puissant, soutenu par les droits de sa naissance et les armes de toute l'Europe. Il reparait, et en vingt jours il est rétabli sur le trône, porté presque en triomphe, et sans qu'une seule goutte de sang ait été répandue pour son rétablissement.

« La coalition se reforme ; il reparait sur le champ de bataille, et la victoire ne l'accueille qu'en passant, et comme pour lui faire ses derniers adieux.

« Il succombe enfin à Waterloo, et surtout à Paris, et plus encore à Rochefort, quand il prend la fatale résolution de se mettre à la discrétion du plus puissant, mais du plus ancien et du plus acharné de ses ennemis.

« Il périt après six années d'agonie, retenu à deux mille lieues de l'Europe, celui que tant de combats avaient respecté ! Il périt, mais l'inimitié même, en l'accablant de ses derniers coups, concourt à son triomphe ! »

On ne peut qu'admirer ces belles paroles. En les prononçant, le frère de Napoléon Ier oublie qu'il a été roi d'un pays étranger, pour redevenir le premier et le plus zélé défenseur du chef de sa famille, du souverain de la France.

Inclinons-nous une dernière fois devant ce *Roi honnête homme*, qui ne sacrifia jamais son devoir à ses intérêts, et qui, avant les louanges publiques, voulut d'abord et toujours mériter l'approbation de sa propre conscience.

IV

Non loin du monument du roi Louis, on remarque, dans une chapelle qui lui est contiguë, une statue de la Vierge en marbre blanc, provenant de l'Élysée, et donnée à l'église de Saint-Leu par Sa Majesté Napoléon III.

En laissant à sa gauche le monument, on pénètre, à droite, dans une chapelle latérale où ont été inhumées madame la baronne de Broc, madame la comtesse de Laville, madame la comtesse de Montarnal, sa fille, et madame la maréchale Ney.

Les inscriptions suivantes nous apprennent l'étroite amitié en même temps que les liens de famille qui unissaient sur la terre toutes ces âmes dévouées à la reine Hortense :

ICI REPOSE

Adélaïde-Henriette-Joséphine AUGUIÉ,
Baronne de Broc,

Dame du Palais de la Reine Hortense.
Veuve d'Armand, Baron de Broc, Général de brigade,
Commandeur de la Légion d'honneur,
Chevalier Grand'Croix des Ordres de l'Union de Hollande
et de Saint-Hubert de Bavière, etc., etc.,
Décédée à Aix-les-Bains, en Savoie, le 10 juin 1813,
Dans la trentième année de son âge.

Un événement affreux, que toute la sagesse humaine ne pouvait prévoir, l'a ravie à sa famille en pleurs, à la tendre affection d'une Princesse qui avait su apprécier ses vertus, aux pauvres dont elle prévenait les besoins, à la société dont elle faisait l'ornement.

Dans le regret profond de cette perte irréparable, Sa Majesté la reine Hortense a fait ériger ce monument à celle qui fut l'amie de son enfance, et qui aurait fait le charme de sa vie entière.

Priez Dieu pour le repos de son âme.

LA REINE HORTENSE

— 424 —

ICI REPOSE

Antoinette-Louise Auguié,
comtesse de Laville,

Née le 10 avril 1780, décédée le 4 avril 1833,

Veuve en premières noces
de M. C.-G. Gamot, ancien Préfet.

La passion du bien, l'amour maternel, la charité remplissaient sa vie. Toutes les vertus brillèrent en elle : esprit, force, courage, tendre piété, résignation chrétienne dans ses longues souffrances. Elle laisse inconsolable son mari, le général César de Laville, et ses enfants, dont elle était l'âme, le bonheur et l'amour.

Elle a voulu être placée ici, près de sa sœur bien-aimée, madame de Broc.

ICI REPOSE

Près de sa mère et de ses deux tantes,

Antoinette-Aglaé-Mathilde-Hortense GAMOT,

Épouse de M. E. de Guirard, comte de Montarnal,
Receveur général des finances,

Née à Paris le 21 juin 1806, décédée à Perpignan
le 13 avril 1858.

Ame dévouée, cœur ardent, charité infinie, vive intelligence, bienveillant esprit, elle était le guide et l'amour de sa famille qu'elle laisse dans le désespoir.

Priez pour elle !

LA REINE HORTENSE

Aucune inscription n'existe encore, au moment où nous écrivons ces lignes, pour rappeler la mémoire de madame la maréchale Ney, princesse de la Moskowa, décédée à Paris, le 2 juillet 1854, ne laissant après elle que des regrets dans le souvenir de ses nombreux amis et de toutes les personnes qui l'ont connue. Elle passait sa vie à rendre service à ceux qui s'adressaient à elle, même lorsqu'elle ne les connaissait pas; aussi a-t-elle été souvent victime de son bon cœur.

Par son noble caractère, par ses éminentes qualités, par ses aspirations généreuses, la princesse de la Moskowa était bien digne de la confiance de la reine Hortense, qui s'était plu à reporter sur la veuve de l'illustre maréchal Ney toute l'amitié dont elle avait honoré madame de Broc, sa sœur.

Jusqu'au dernier jour de sa vie, cette digne femme, modèle de toutes les vertus, n'a pas manqué d'assister, en grand deuil, à un seul anniversaire de ses chers défunts, soit à Saint-Leu, soit à Rueil.

V

En sortant de l'église par la porte latérale de gauche, on arrive aux degrés qui conduisent à la crypte.

Là, sous des voûtes surbaissées, reposent, dans des sarcophages de pierre, les restes mortels du roi Louis, de son père et de ses deux fils.

Ces cercueils, portant les palmes dorées et les suaires de la mort, ont reçu les inscriptions suivantes :

LA REINE HORTENSE

CHARLES BONAPARTE,
Père de Napoléon Ier, Empereur des Français,
Né à Ajaccio en 1746,
Mort à Montpellier le 24 avril 1785.

LOUIS BONAPARTE,
Roi de Hollande, frère de Napoléon Ier
Né à Ajaccio le 2 septembre 1778, mort à Livourne
le 25 juillet 1846.

NAPOLÉON-LOUIS-CHARLES BONAPARTE,
Prince royal de Hollande, fils de Louis Bonaparte,
Né à Paris le 10 octobre 1802, mort à La Haye
le 5 mai 1807.

NAPOLÉON-LOUIS BONAPARTE
Né à Paris le 11 octobre 1804, mort à Forli
le 17 mars 1831.

Dans un angle de la crypte, on remarque la pierre tumulaire rapportée d'Italie par M. le docteur Conneau, et qui recouvrait les restes mortels de ce dernier prince.

En quittant ces lieux funèbres et en regagnant le terrain de l'ancien cimetière, on passe devant la tombe d'un vénérable prêtre, l'abbé Déchard, ancien capitaine de dragons sous la République, et qui a été curé de Saint-Leu pendant trente-huit ans; son ombre semble garder l'entrée des caveaux funéraires, comme le pasteur de l'Évangile garde son troupeau.

Cette sépulture a été élevée par les habitants de la commune de Saint-Leu, en témoignage de leur gratitude envers leur bon pasteur.

La pensée pieuse qui a réuni dans un même lieu la famille de l'Empereur, n'a pas permis que rien disparût des vestiges laissés dans la partie de l'ancien cimetière absorbée par l'agrandissement de l'église. Les croix, les pierres tumulaires, restées debout, ont été relevées et adossées au mur d'enceinte.

Le nom de Napoléon, qui domine de toute son immensité cette humble église, inspire à tous les visiteurs le recueillement le plus profond. Chaque année, l'anniversaire du 25 juillet y conduit les illustrations de l'Empire et les débris de la grande armée. Ce jour-là, l'Empereur est heureux de s'associer par les dons les plus larges aux bénédictions et aux prières de l'Église.

VI

Nous avons terminé notre étude en visitant les tombeaux de Rueil et de Saint-Leu. C'est en présence de la mort et de ses graves enseignements que nous avons cherché à faire revivre cette noble et poétique figure de la reine Hortense.

Quelque indigne que soit assurément notre esquisse de son auguste modèle, l'intérêt profond qui s'attache à cette existence de la plus dévouée des mères, de la plus gracieuse des femmes, viendra, nous l'espérons, absoudre notre tentative !

TABLE DES MATIÈRES.

	Pages.
Hommage à la mémoire de la reine Hortense	1
Chapitre Ier. — Jeunesse	5
Chapitre II. — Grandeur	67
Chapitre III. — Exil	235
Chapitre IV. — Les Tombeaux	325
— Rueil	327
— Saint-Leu	402

Paris. — Imp. Paul Dupont, rue de Grenelle-Saint-Honoré, 45.

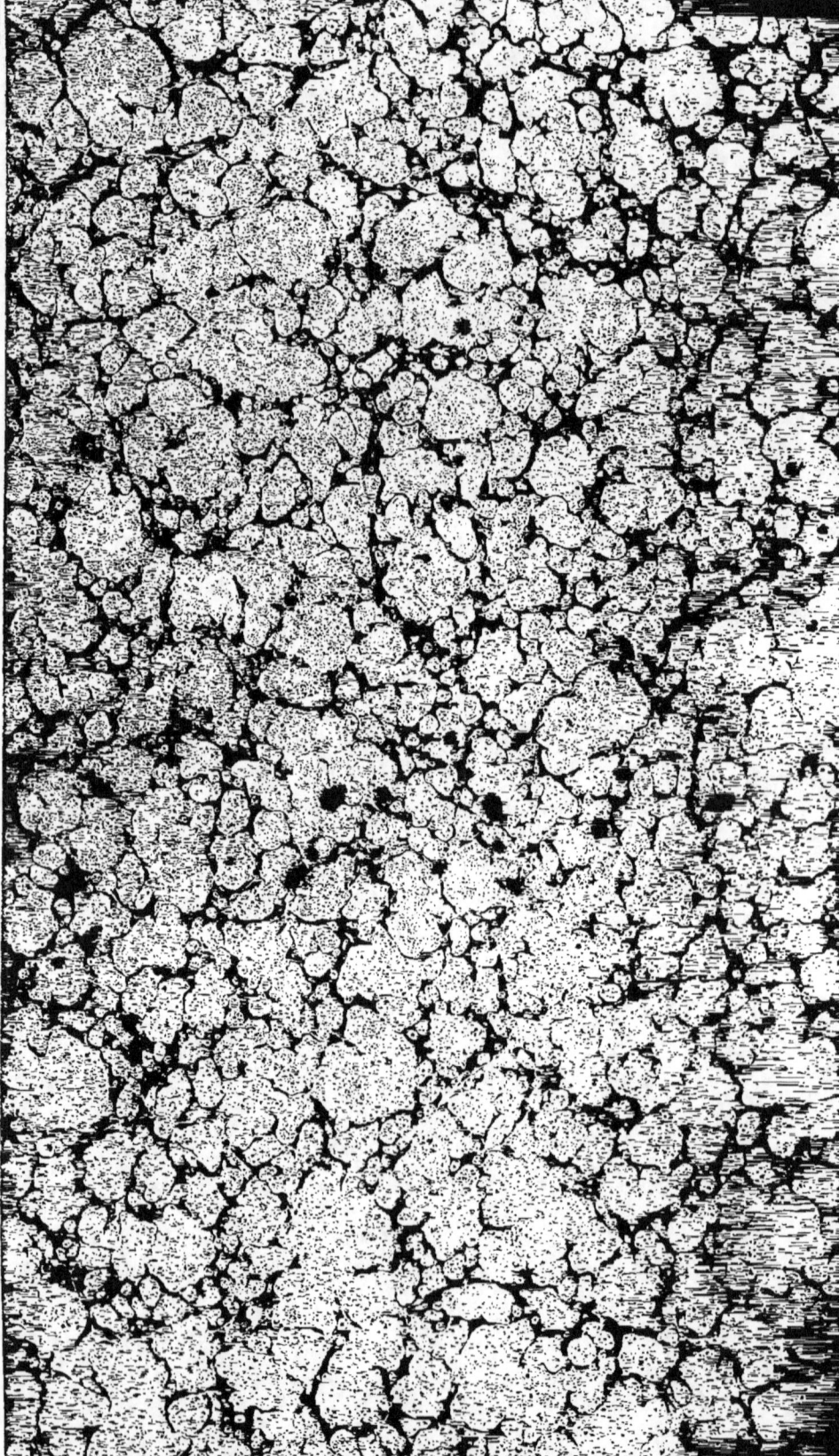

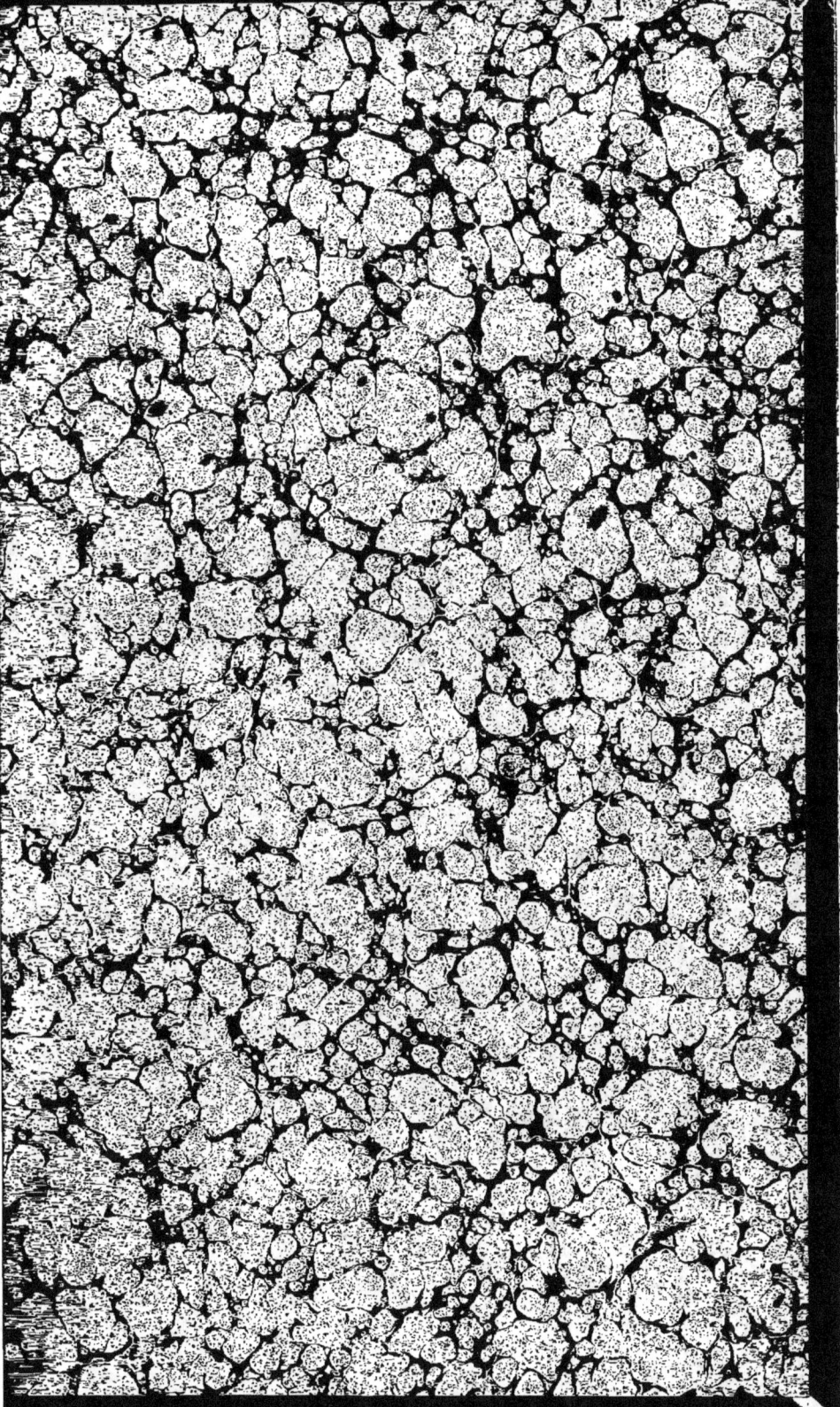

www.ingramcontent.com/pod-product-compliance
Lightning Source LLC
Chambersburg PA
CBHW060933230426
43665CB00015B/1926